THE NEW SIDDUR PROGRAM
FOR HEBREW AND HERITAGE

עִבְרִית חֲדָשָׁה
לְתוֹדָעַת תְּפִלָּה

מַרְגָּלִית וְנַחוּם טַרְנוֹר

PEARL AND NORMAN TARNOR

3

BEHRMAN HOUSE

Torah
Niviim-prophets
Ktuvim-writings

Dedication
In loving memory of
Our Parents
Solomon and Marim Glossman
Charles and Rose Mary Tarnor
זצ"ל
May their memory
be for a blessing

PROJECT EDITOR:
RUBY G. STRAUSS

BOOK DESIGN:
ROBERT J. O'DELL

ILLUSTRATIONS:
JOHN SANFORD
CLARE SIEFFERT

PHOTOGRAPHIC CREDITS:

The editor and publisher gratefully acknowledge the cooperation of the following sources for the illuminated manuscripts used in this book:

Courtesy of the Library of The Jewish Theological Seminary of America:
Rothschild Mahzor, Mic. 8892, Italy, 1492:
Folios 115v, 395v, 457r, 128v, (Pages 4-5, 40-1, 76-7, 104-5).

Courtesy of The Bodleian Library:
Ms. Kennicott, Folios 8r, 441r (Pages 52-3, 88-9)

Courtesy of The British Library:
HAR 569 Vol.1 Folio 12r, ADD14762 Folio 6, OR2626 Vol.1
Folios 13v, 1v (Pages 16-7, 28-9, 64-5, 116-7).

PUBLISHED BY BEHRMAN HOUSE, INC.
235 Watchung Avenue, West Orange, New Jersey 07052

ISBN 0-87441-588-8

MANUFACTURED IN THE UNITED STATES OF AMERICA

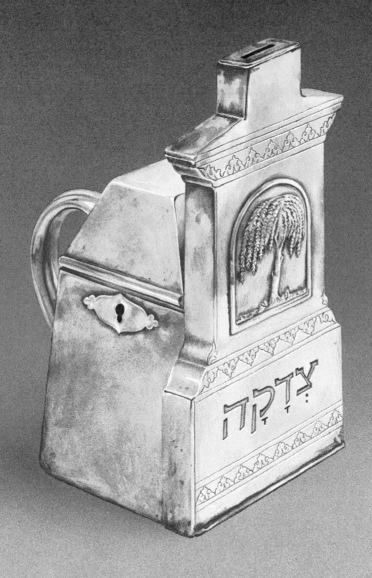

תּוֹרָה וּמִצְוֹת, חֻקִּים וּמִשְׁפָּטִים, אוֹתָנוּ לִמַּדְתָּ.

LESSON 1 שִׁעוּר

מַה טֹּבוּ

The Morning Service begins with מַה טֹּבוּ. This תְּפִלָּה expresses our feeling of respect and joy when we enter בֵּית-הַכְּנֶסֶת. The first sentence of מַה טֹּבוּ comes from the תּוֹרָה. It appears in the Book of Numbers (בַּמִּדְבָּר). Other parts of the prayer appear in the Book of Psalms (תְּהִלִּים).

1 מַה טֹּבוּ אֹהָלֶיךָ יַעֲקֹב, מִשְׁכְּנֹתֶיךָ יִשְׂרָאֵל.

2 וַאֲנִי בְּרֹב חַסְדְּךָ אָבֹא בֵיתֶךָ,

3 אֶשְׁתַּחֲוֶה אֶל הֵיכַל קָדְשְׁךָ בְּיִרְאָתֶךָ.

4 יְיָ, אָהַבְתִּי מְעוֹן בֵּיתֶךָ, וּמְקוֹם מִשְׁכַּן כְּבוֹדֶךָ.

5 וַאֲנִי אֶשְׁתַּחֲוֶה וְאֶכְרָעָה, אֶבְרְכָה לִפְנֵי יְיָ עֹשִׂי.

6 וַאֲנִי תְפִלָּתִי לְךָ, יְיָ, עֵת רָצוֹן.

7 אֱלֹהִים, בְּרָב־חַסְדֶּךָ, עֲנֵנִי בֶּאֱמֶת יִשְׁעֶךָ.

NEW PRAYER WORDS

1 אֹהָלֶיךָ Your tents

2 מִשְׁכְּנֹתֶיךָ Your dwelling places

3 חַסְדְּךָ Your kindness

4 וּמְקוֹם and place of

5 כְּבוֹדֶךָ Your honor, glory

PRAYER

ENRICHMENT

This story is found in the Book of Numbers (בַּמִדְבָּר) chapters 22-24. The Children of Israel (בְּנֵי יִשְׂרָאֵל) left Egypt and wandered through the wilderness (בַּמִדְבָּר) to the Promised Land. On the way, they pitched tents near the borders of the Land of Moab. Balak, the king of Moab, feared the Israelites and wanted them to leave the area. He hired a non-Jewish prophet, Balaam, to curse the Children of Israel. But, when Balaam saw the Israelites living peacefully, he blessed and praised them instead.
Balaam said:

מַה טֹּבוּ אֹהָלֶיךָ יַעֲקֹב

מִשְׁכְּנֹתֶיךָ יִשְׂרָאֵל

"How good are your tents, Jacob
Your dwelling places, Israel"

מַה טֹּבוּ is the only prayer in our siddur written by a non-Jew.

SIDDUR CONNECTIONS

מַה טֹּבוּ expresses our feelings of respect and joy when we enter בֵּית-הַכְּנֶסֶת. But the word בֵּית-הַכְּנֶסֶת does not appear in the תְּפִלָּה. Our Sages tell us that the word אֹהָלֶיךָ (your tents) refers to our synagogues and the word מִשְׁכְּנֹתֶיךָ (your dwelling places) refers to our religious schools and our homes. These are the places where we learn to live Jewishly.

Match the Hebrew to its English meaning.
Write the number of the Hebrew words next to the English that means the same thing.

3	Your house	אֹהָלֶיךָ	1
____	the place where Your honor dwells	מִשְׁכְּנֹתֶיךָ	2
2	your dwelling places	בֵּיתֶךָ	3
1	your tents	מְקוֹם מִשְׁכַּן כְּבוֹדֶךָ	4

WORD MATCH

Circle the Hebrew that means the same as the English.

Your house   1   וַאֲנִי בְּרֹב חַסְדְּךָ אָבֹא (בֵיתֶךָ)

I loved   2   יְיָ, אָהַבְתִּי מְעוֹן בֵּיתֶךָ

before God   3   אֲבָרְכָה לִפְנֵי יְיָ עֹשִׂי

my prayer   4   וַאֲנִי תְפִלָּתִי לְךָ

Your kindness   5   אֱלֹהִים, בְּרָב־חַסְדֶּךָ

face פְנֵי *before*

RELATED WORDS

Connect each word on the right to a related word on the left.

קָדְשְׁךָ	טוֹב	**1**
תְּפִלָּתִי	בַּיִת	**2**
טוֹבוֹ	קָדוֹשׁ	**3**
חַסְדְּךָ	כָּבוֹד	**4**
בֵּיתֶךָ	תְּפִלָּה	**5**
כְּבוֹדֶךָ	חֶסֶד	**6**
עֲנֵנִי	עוֹשֶׂה	**7**
עֹשִׂי	עוֹנֶה	**8**

my maker

9

Study these suffixes.

נוּ ‎_____ our,   ךָ ‎_____ your(s),   וֹ ‎_____ his,   י ‎_____ my

Circle the Hebrew word that means the same as the English.

plural

1 your tents   אֹהָלִים   (אֹהָלֶיךָ)   אֹהָלֵינוּ

2 my prayer   (תְּפִלָּתִי)   תְּפִלָּתוֹ   תְּפִלָּתֵנוּ

3 his honor, glory כְּבוֹדְךָ   כְּבוֹדִי   (כְּבוֹדוֹ)

4 your house   (בֵּיתְךָ)   בֵּיתֵנוּ   בֵּיתִי

5 our God   אֱלֹהֶיךָ   אֱלֹהִים (God)   (אֱלֹהֵינוּ)

Circle the suffix (possessive ending) that is attached to the Hebrew word.
Write the English meaning of the suffix.

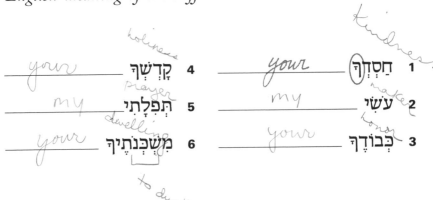

holiness

your _____ 4 קָדְשְׁךָ   kindness   your _____ 1 (חַסְדְּ)ךָ

prayer

my _____ 5 תְּפִלָּתִי   maker   my _____ 2 עֹשִׂי

dwelling

your _____ 6 מִשְׁכְּנֹתֶיךָ   honor   your _____ 3 כְּבוֹדְךָ

to dwell

| 10 |

BE A TRANSLATOR

Connect each Hebrew word to its English meaning.

2

to you	מַה
before	וַאֲנִי
how, what	לְךָ
and I	לִפְנֵי

1

Your dwelling places	אֹהָלֶיךָ
Your kindness	כְּבוֹדֶךָ
Your honor, glory	מִשְׁכְּנֹתֶיךָ
Your tents	חַסְדְּךָ

3

and place of	תְּפִלָּתִי
God	וּמְקוֹם
in truth	אֱלֹהִים
my prayer	בֶּאֱמֶת

Study these new words. They will help you understand the story.

STORY WORDS

they worked עָבְדוּ (עבד)	man, woman אִישׁ, אִשָּׁה
he saw רָאָה (ראה)	was, were הָיָה, הָיוּ (היה)
	they will help יַעַזְרוּ (עזר)

Circle the Hebrew word that means the same as the English.

אֲדָמָה	אֹהֶל	אֱמֶת	אִישׁ	**1** tent
הָלְכוּ	בָּאוּ	הָיוּ	נָתְנוּ	**2** were
אַחִים	בָּתִּים	אוֹרְחִים	בָּנִים	**3** brothers
לַיְלָה	כָּבוֹד	דֶּרֶךְ	מָקוֹם	**4** place
הָיָה	חָשַׁב	קָם	אָמַר	**5** thought
קָדוֹשׁ	אֶחָד	מִשְׁכָּן	טוֹב	**6** holy
אָהֲבוּ	נָתְנוּ	שָׁמְעוּ	עָבְדוּ	**7** worked
מֶלֶךְ	תּוֹרָה	חֶסֶד	אִשָּׁה	**8** kindness

(handwritten annotations: ground, tent, truth, man; they walked, they came, they were, they gave; brothers, houses, guests, sons; night, honor/heavy liver, road, Place God; was, he thought, he got up, he spoke; holy, one, tabernacle, good; they loved, they gave, they listened, they worked)

(handwritten at bottom) מַחְשֵׁב computer

לַחְשֹׁב to make good

אַהֲבַת הָאַחִים

King Solomon built the Holy Temple in Jerusalem.
Have you ever wondered why that place was chosen?
You will find an answer in the story.

יַעֲקֹב וְשִׁמְעוֹן הָיוּ אַחִים. הֵם יָשְׁבוּ (lived) בִּירוּשָׁלַיִם.

לְיַעֲקֹב הָיוּ אִשָּׁה וּבָנִים.

לְשִׁמְעוֹן לֹא הָיוּ אִשָּׁה וּבָנִים.

הָאַחִים עָבְדוּ יַחַד (together) אֶת הָאֲדָמָה וְחִלְּקוּ (divided)

אֶת הַתְּבוּאָה (grain).

לַיְלָה אֶחָד, שִׁמְעוֹן חָשַׁב:

לְיַעֲקֹב יֵשׁ אִשָּׁה וּבָנִים.

אֵין לִי אִשָּׁה וּבָנִים.

אֲנִי רוֹצֶה לַעֲשׂוֹת (to do) חֶסֶד עִם הָאָח שֶׁלִּי.

אֲנִי נוֹתֵן לְיַעֲקֹב מִן הַתְּבוּאָה (grain) שֶׁלִּי.

שִׁמְעוֹן קָם, לָקַח (took) מִן הַתְּבוּאָה שֶׁלּוֹ,

וְהָלַךְ לָאֹהֶל שֶׁל יַעֲקֹב.

בַּלַּיְלָה הַהוּא (on that night), גַּם יַעֲקֹב חָשַׁב:

יֵשׁ לִי בָּנִים. כַּאֲשֶׁר אֲנִי אֶהְיֶה זָקֵן (old),

הַבָּנִים שֶׁלִּי יַעַזְרוּ לִי.

אֲנִי רוֹצֶה לַעֲשׂוֹת חֶסֶד עִם הָאָח שֶׁלִּי.

אֲנִי נוֹתֵן לְשִׁמְעוֹן מִן הַתְּבוּאָה שֶׁלִּי.

יַעֲקֹב קָם, לָקַח (took) מִן הַתְּבוּאָה שֶׁלּוֹ,

וְהָלַךְ לָאֹהֶל שֶׁל שִׁמְעוֹן.

בַּדֶּרֶךְ, הָאַחִים פָּגְשׁוּ זֶה אֶת זֶה (met each other).

כַּאֲשֶׁר ה׳ רָאָה אֶת אַהֲבַת הָאַחִים, הוּא בֵּרַךְ אֶת הַמָּקוֹם
וְאָמַר:

מַה טּוֹב הַמָּקוֹם הַזֶּה!
הַמָּקוֹם הַזֶּה מָקוֹם קָדוֹשׁ.

כַּאֲשֶׁר שְׁלֹמֹה הָיָה מֶלֶךְ בְּיִשְׂרָאֵל, הוּא בָּנָה (built)
אֶת בֵּית־הַמִּקְדָּשׁ (Holy Temple) בַּמָּקוֹם הַזֶּה.

LESSON 2 שִׁעוּר

אַהֲבַת עוֹלָם

In the Evening Service, we read אַהֲבַת עוֹלָם before we recite the שְׁמַע. This blessing reminds us that God showed everlasting love (אַהֲבַת עוֹלָם) for the Jewish people by giving us the תּוֹרָה. We show our love for God by studying the תּוֹרָה day and night (יוֹמָם וָלַיְלָה) and by performing God's מִצְוֹת.

1 אַהֲבַת עוֹלָם בֵּית יִשְׂרָאֵל עַמְּךָ אָהָבְתָּ.

2 תּוֹרָה וּמִצְוֹת, חֻקִּים וּמִשְׁפָּטִים, אוֹתָנוּ לִמַּדְתָּ.

3 עַל-כֵּן, יְיָ אֱלֹהֵינוּ, בְּשָׁכְבֵנוּ וּבְקוּמֵנוּ

4 נָשִׂיחַ בְּחֻקֶּיךָ,

5 וְנִשְׂמַח בְּדִבְרֵי תוֹרָתְךָ וּבְמִצְוֹתֶיךָ

6 לְעוֹלָם וָעֶד.

7 כִּי הֵם חַיֵּינוּ וְאֹרֶךְ יָמֵינוּ,

8 וּבָהֶם נֶהְגֶּה יוֹמָם וָלָיְלָה.

9 וְאַהֲבָתְךָ אַל תָּסִיר מִמֶּנּוּ לְעוֹלָמִים.

10 בָּרוּךְ אַתָּה, יְיָ, אוֹהֵב עַמּוֹ יִשְׂרָאֵל.

NEW PRAYER WORDS

1 אַהֲבַת עוֹלָם everlasting love

2 חֻקִּים, בְּחֻקֶּיךָ laws, in Your laws

3 וּמִשְׁפָּטִים and judgments

4 לְעוֹלָם וָעֶד, לְעוֹלָמִים forever

5 חַיֵּינוּ our life

WORD MATCH

Circle the Hebrew that means the same as the English.

מִצְוֹת	(חֻקִּים)	דִּבְרֵי	יָמֵינוּ **1** laws
מַה טֹבוּ	יְיָ אֱלֹהֵינוּ	יוֹמָם וָלַיְלָה	לְעוֹלָם וָעֶד **2** forever
חַיֵּינוּ	עַמֵּנוּ	אוֹתָנוּ	אֱלֹהֵינוּ **3** our life
מִמֶּנּוּ	וּבָהֶם	עַל־כֵּן	כִּי **4** because
תוֹרָתֶךָ	מִצְוֹתֶיךָ	חֻקֶּיךָ	מִשְׁפָּטִים **5** Your commandments

forever	בֵּית יִשְׂרָאֵל
when we lie down	יוֹמָם וָלַיְלָה
day and night	לְעוֹלָמִים
house of Israel	בְּשָׁכְבֵּנוּ

ROOTS

Write the שֹׁרֶשׁ *(root letters) next to the* סִדּוּר *word. Then write the English meaning on the left, next to the* שֹׁרֶשׁ.

(אהב) love

(שכב) lie down

(קום) get up

(שמח) happy

(למד) teach

English	שֹׁרֶשׁ	סִדּוּר word	
teach	(למד)	לִמַּדְתָּ	1
		אָהַבְתָּ	2
		בְּשָׁכְבֵּנוּ	3
		וּבְקוּמֵנוּ	4
		וְנִשְׂמַח	5

SIDDUR CONNECTIONS

Draw a line from the siddur word to the correct English meaning.

and Your love	אַהֲבַת עוֹלָם
loves	וְאַהֲבָתְךָ
everlasting love	אוֹהֵב
You loved	אָהַבְתָּ

PHRASE MATCH

Circle the Hebrew that means the same as the English.

House of Israel   אַהֲבַת עוֹלָם בֵּית יִשְׂרָאֵל עַמְּךָ אָהַבְתָּ   **1**

and we shall be happy   וְנִשְׂמַח בְּדִבְרֵי תוֹרָתֶךָ וּבְמִצְוֹתֶיךָ   **2**

our life   כִּי הֵם חַיֵּינוּ וְאֹרֶךְ יָמֵינוּ   **3**

day and night   וּבָהֶם נֶהְגֶּה יוֹמָם וָלַיְלָה   **4**

and your love   וְאַהֲבָתְךָ אַל תָּסִיר מִמֶּנּוּ לְעוֹלָמִים   **5**

On Friday evening, we greet שַׁבָּת with a special song called לְכָה דוֹדִי. This hymn refers to שַׁבָּת as a bride (כַּלָה) and a queen (מַלְכָּה).

1 Come, my friend, to meet the bride   לְכָה דוֹדִי לִקְרַאת כַּלָה

2 Let us greet the Shabbat   פְּנֵי שַׁבָּת נְקַבְּלָה

This hymn is an acrostic. The author secretly included his name in the words of the song. If you look at the first letter of the first word in each stanza, you will discover the name of the author: שְׁלֹמֹה הַלֵוִי.
Here are the first two stanzas of the hymn.
Can you find the first two letters of the author's name?

3 שָׁמוֹר וְזָכוֹר בְּדִבּוּר אֶחָד

4 הִשְׁמִיעָנוּ אֵל הַמְיֻחָד

5 יְיָ אֶחָד וּשְׁמוֹ אֶחָד

6 לְשֵׁם וּלְתִפְאֶרֶת וְלִתְהִלָה.

7 לִקְרַאת שַׁבָּת לְכוּ וְנֵלְכָה

8 כִּי הִיא מְקוֹר הַבְּרָכָה

9 מֵרֹאשׁ מִקֶדֶם נְסוּכָה

10 סוֹף מַעֲשֶׂה בְּמַחֲשָׁבָה תְּחִלָה.

WORD PAIRS

1 In Hebrew we have two ways of saying "the name of the king"

הַשֵּׁם שֶׁל הַמֶּלֶךְ

שֵׁם הַמֶּלֶךְ

2 How are these two ways different? ______________________

____

3 Two Hebrew nouns can be joined together to form a word pair.

- Most masculine singular nouns usually do not change their vowel pattern:

מֶלֶךְ הָעוֹלָם

עַם יִשְׂרָאֵל

- Some words *do* change their vowel pattern:

הַבַּיִת שֶׁל יִשְׂרָאֵל becomes בֵּית יִשְׂרָאֵל – The House of Israel
שַׁבָּת שֶׁל שָׁלוֹם becomes שַׁבַּת שָׁלוֹם – Sabbath of peace

- Feminine singular nouns ending with ָה. The ָה changes to ת:

הָאַהֲבָה שֶׁל הָאַחִים becomes אַהֲבַת הָאַחִים – The love of the brothers
הָאַהֲבָה שֶׁל הַתּוֹרָה becomes אַהֲבַת הַתּוֹרָה – The love of the Torah

- Masculine plural words end with אִים. The אִים changes to אֵי:

הַבָּנִים שֶׁל יִשְׂרָאֵל becomes בְּנֵי יִשְׂרָאֵל – The Children of Israel

הַדְּבָרִים שֶׁל הַתּוֹרָה becomes דִּבְרֵי הַתּוֹרָה – The words of the Torah

---

4 In the סִדּוּר, the שֶׁל is not used often between the word pairs.

אֶרֶץ יִשְׂרָאֵל – the Land of Israel

מֶלֶךְ הָעוֹלָם – the King of the world

---

5 Reread the prayer אַהֲבַת עוֹלָם.

Find the Hebrew word pair that means "love of the world" or "love of eternity" ("everlasting love")

Line #____ Write the word pair ________ ________

Find the Hebrew word pair that means "in the words of Your Torah".

line #____ Write the word pair ________ ________

Study these new words. They will help you understand the story.

STORY WORDS

light אוֹר	money, silver כֶּסֶף
him אוֹתוֹ	went up (עלה) עָלָה
can, able יָכוֹל, יְכוֹלִים	

S T O R Y P R E P A R A T I O N

Rabbi Hillel taught important lessons. Many are recorded in a book called *The Sayings of the Fathers* (פִּרְקֵי אָבוֹת). One of Hillel's famous sayings is:

אִם אֵין אֲנִי לִי – מִי לִי?

If I am not for myself, who will be for me?

וּכְשֶׁאֲנִי לְעַצְמִי – מָה אֲנִי?

And if I am only for myself, what am I?

To discover the end of Hillel's statement, circle the Hebrew word that means the same as the English. Then write the underlined letter of the circled word in the box on the right.

1	light	שַׂעַר	(אוֹר)	/c
2	wise	חָכָם	טוֹב	
3	to study	לִלְמֹד	לַמּוֹרִים	
4	he loved	עָמַד	אָהַב	
5	he went up	עָלָה	הָלַךְ	
6	he lay down	חָשַׁב	שָׁכַב	
7	he asked	עָשָׂה	שָׁאַל	
8	and saw	וְרָצָה	וְרָאָה	
9	him	אוֹתוֹ	אוֹתָנוּ	
10	he can	מְאֹד	יָכוֹל	
11	he heard	שָׁמַע	אָמַר	
12	he gave	נָתַן	בָּא	
13	he was	הָיָה	יֵשׁ	

Write the letters in the boxes here to see what Hillel said.

___ ___ ___ ___ ___   ___ ___ ___ ___   ___ ___   ___ /c וְ

And if not now, when?

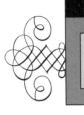

אַהֲבַת תּוֹרָה

Rabbi Hillel was devoted to Torah study.
According to the אַהֲבַת עוֹלָם *prayer, how did Hillel*
show his love for God?

הִלֵּל יָשַׁב (lived) בְּאֶרֶץ בָּבֶל.

הוּא הָיָה אִישׁ טוֹב וְחָכָם.

הוּא אָהַב מְאֹד לִלְמֹד תּוֹרָה חֻקִּים וּמִשְׁפָּטִים.

הוּא שָׁמַע שֶׁבִּירוּשָׁלַיִם יֵשׁ שְׁנֵי מוֹרִים גְדוֹלִים

וַחֲכָמִים – שְׁמַעְיָה וְאַבְטַלְיוֹן.

הִלֵּל עָלָה לִירוּשָׁלַיִם לִלְמֹד תּוֹרָה

בְּבֵית־הַמִּדְרָשׁ (house of study) שֶׁל הַמּוֹרִים הַגְּדוֹלִים.

עַל־יַד הַשַּׁעַר שֶׁל בֵּית־הַמִּדְרָשׁ עָמַד שׁוֹמֵר (guard).

כָּל אִישׁ שֶׁבָּא לְבֵית־הַמִּדְרָשׁ נָתַן כֶּסֶף לַשּׁוֹמֵר (to the guard).

לֹא הָיָה לְהִלֵּל כֶּסֶף. מֶה עָשָׂה?

הוּא הָלַךְ לְבֵית־הַמִּדְרָשׁ, עָלָה עַל הַגַּג (roof),

שָׁכַב עַל־יַד הַחַלּוֹן וְשָׁמַע דִּבְרֵי תּוֹרָה.

הִלֵּל שָׁכַב עַל הַגַּג כָּל הַלַּיְלָה.

בַּבֹּקֶר, לֹא הָיָה אוֹר בְּבֵית־הַמִּדְרָשׁ.

הַמּוֹרֶה שְׁמַעְיָה שָׁאַל: לָמָּה אֵין אוֹר?

הַמּוֹרֶה אַבְטַלְיוֹן אָמַר: אֲנִי חוֹשֵׁב שֶׁאִישׁ שׁוֹכֵב
עַל־יַד הַחַלּוֹן.

הַשּׁוֹמֵר עָלָה עַל הַגַּג וְרָאָה אֶת הִלֵּל.

הַשּׁוֹמֵר הֵבִיא (brought) אוֹתוֹ לְבֵית־הַמִּדְרָשׁ.

הִלֵּל אָמַר לַמּוֹרִים שֶׁהוּא מְאֹד רוֹצֶה לִלְמֹד תּוֹרָה וּמִצְוֹת
אֲבָל אֵין לוֹ כֶּסֶף.

עַל־כֵּן, שָׁכַב עַל הַגַּג לִשְׁמֹעַ לְדִבְרֵי תּוֹרָה כִּי הֵם חַיֵּינוּ.

הַמּוֹרִים אָמְרוּ לְהִלֵּל שֶׁהוּא יָכוֹל לִלְמֹד תּוֹרָה יוֹמָם וָלַיְלָה
בְּבֵית־הַמִּדְרָשׁ בְּלִי (without) כֶּסֶף.

הִלֵּל לָמַד הַרְבֵּה שָׁנִים (years)
וְהָיָה לְרַב (and he became a rabbi) גָּדוֹל בְּיִשְׂרָאֵל.

יוֹצֵר אוֹר

In the Morning Service we say the יוֹצֵר אוֹר blessing before we recite the שְׁמַע. This blessing tells us that God creates light (יוֹצֵר אוֹר). While this physical light refers to the sun, the moon and the stars, our rabbis say it also means the spiritual light of the תּוֹרָה. God makes peace (עוֹשֶׂה שָׁלוֹם) which brings harmony and happiness. God creates all things (בּוֹרֵא אֶת הַכֹּל).

1 בָּרוּךְ אַתָּה יְיָ, אֱלֹהֵינוּ מֶלֶךְ הָעוֹלָם,

2 יוֹצֵר אוֹר וּבוֹרֵא חֹשֶׁךְ,

3 עֹשֶׂה שָׁלוֹם וּבוֹרֵא אֶת־הַכֹּל.

4 הַמֵּאִיר לָאָרֶץ וְלַדָּרִים עָלֶיהָ בְּרַחֲמִים,

5 וּבְטוּבוֹ מְחַדֵּשׁ בְּכָל־יוֹם תָּמִיד מַעֲשֵׂה בְרֵאשִׁית.

מָה רַבּוּ מַעֲשֶׂיךָ, יְיָ.
כֻּלָּם בְּחָכְמָה עָשִׂיתָ, מָלְאָה הָאָרֶץ קִנְיָנֶךָ.
תִּתְבָּרַךְ, יְיָ אֱלֹהֵינוּ, עַל־שֶׁבַח מַעֲשֵׂה יָדֶיךָ,
וְעַל־מְאוֹרֵי־אוֹר שֶׁעָשִׂיתָ, יְפָאֲרוּךָ. סֶּלָה.
בָּרוּךְ אַתָּה, יְיָ, יוֹצֵר הַמְּאוֹרוֹת.

NEW PRAYER WORDS

1 יוֹצֵר create
2 אוֹר light
3 חֹשֶׁךְ darkness
4 בְּרַחֲמִים with mercy
5 תָּמִיד always
6 מָלְאָה full

SIDDUR CONNECTIONS

Write the number of the Hebrew word on the right next to a related סִדּוּר word on the left.

מְאוֹרוֹת	___	בּוֹרֵא	1
עָשִׂיתָ	___	אוֹר	2
בְּחָכְמָה	___	חָדָשׁ	3
וּבוֹרֵא	1	חָכָם	4
מְחַדֵּשׁ	___	עֹשֶׂה	5

שֶׁעָשִׂיתָ	___	טוֹב	1
תִּתְבָּרַךְ	___	יָד	2
רַבּוּ	___	בָּרוּךְ	3
יָדֶיךָ	___	הַרְבֵּה	4
וּבְטוּבוֹ	___	עֹשֶׂה	5

Your works	וּבְטוּבוֹ
You will be blessed	מַעֲשֶׂיךָ
with wisdom	תִּתְבָּרַךְ
and in His goodness	בְּחָכְמָה

A KEY WORD

Read these sentences from יוֹצֵר אוֹר*.*
Circle the words related to the word אוֹר*.*

1 יוֹצֵר אוֹר וּבוֹרֵא חֹשֶׁךְ

2 הַמֵּאִיר לָאָרֶץ וְלַדָּרִים עָלֶיהָ בְּרַחֲמִים

3 וְעַל־מְאוֹרֵי־אוֹר שֶׁעָשִׂיתָ, יְפָאֲרוּךָ. סֶּלָה.

4 בָּרוּךְ אַתָּה יְיָ, יוֹצֵר הַמְּאוֹרוֹת.

Do you think light is important to life? Write two reasons.

____

____

WORD MATCH

Connect the Hebrew word to its English meaning.

is filled	חֹשֶׁךְ
darkness	אוֹר
always	מָלְאָה
light	תָּמִיד

who gives light	בְּרַחֲמִים
makes new	הַמֵּאִיר
creates	יוֹצֵר
with mercy	מְחַדֵּשׁ

BE A TRANSLATOR

You know the words in this בְּרָכָה.
Complete the translation of the blessing by adding the missing English words.

בָּרוּךְ אַתָּה יְיָ אֱלֹהֵינוּ מֶלֶךְ הָעוֹלָם יוֹצֵר אוֹר וּבוֹרֵא חֹשֶׁךְ עֹשֶׂה
שָׁלוֹם וּבוֹרֵא אֶת הַכֹּל.

Blessed are You Lord _____ God, _____ of the

_____ , who creates _____ and creates

_____ , makes _____ and creates

everything.

PARTICLES

that, which, who = שֶׁ	to, for = לְ	in, with = בְּ

1 Read the Hebrew word in Column 1.
2 Attach the Hebrew for the English word listed in Column 2.
3 Finally write the complete word in Column 3.

3	2	1
בְּחָכְמָה	with	1 חָכְמָה
______	for	2 שָׁלוֹם
______	with	3 רַחֲמִים
______	which	4 עָשִׂיתָ
______	in	5 מִצְוֹתֶיךָ
______	for	6 עוֹלָם

Study these new words. They will help you understand the story.

STORY WORDS

to see (ראה) לִרְאוֹת

sun שֶׁמֶשׁ

fathers (אָב) אָבוֹת

to believe לְהַאֲמִין

to look at, looks at לְהַבִּיט, מַבִּיט

S T O R Y   P R E P A R A T I O N

Here are ten Hebrew words that appear in the story.

The English meanings of the ten Hebrew words on the opposite page are hidden in this puzzle.
Read across and down and circle each one you find.

T	O	S	T	A	N	D
O	T	O	S	E	E	T
B	A	N	D	F	W	O
E	K	S	M	A	N	L
L	I	G	H	T	S	O
I	N	T	O	H	U	O
E	G	D	O	E	N	K
V	E	R	Y	R	M	A
E	T	W	A	S	I	T

הַמֶּלֶךְ וְהַשַּׁמָּשׁ

A Roman king challenged Rabbi Joshua to prove that there is only one God. This story tells how Joshua taught the king an important lesson.

רַבִּי יְהוֹשֻׁעַ הָיָה אִישׁ חָכָם.

יוֹם אֶחָד מֶלֶךְ בָּא אֶל רַבִּי יְהוֹשֻׁעַ וְשָׁאַל:

מִי הָאֱלֹהִים שֶׁלְּךָ?

רַבִּי יְהוֹשֻׁעַ עָנָה: ה׳, מֶלֶךְ הָעוֹלָם, הוּא הָאֱלֹהִים שֶׁלִּי וְהָאֱלֹהִים שֶׁל הָאָבוֹת שֶׁלִּי.

הַמֶּלֶךְ שָׁאַל: מִי הֵם הָאָבוֹת שֶׁלְּךָ?

רַבִּי יְהוֹשֻׁעַ עָנָה: אַבְרָהָם, יִצְחָק וְיַעֲקֹב, הֵם הָאָבוֹת שֶׁלִּי וְשֶׁל עַם יִשְׂרָאֵל.

שָׁאַל הַמֶּלֶךְ: מָה עוֹשֶׂה הָאֱלֹהִים שֶׁלְּךָ?

עָנָה רַבִּי יְהוֹשֻׁעַ: הוּא יוֹצֵר אוֹר וּבוֹרֵא חֹשֶׁךְ.

הוּא עוֹשֶׂה שָׁלוֹם וּבוֹרֵא אֶת הַכֹּל.

שָׁאַל הַמֶּלֶךְ: מִי כְּמוֹ הָאֱלֹהִים שֶׁלְּךָ?

עָנָה רַבִּי יְהוֹשֻׁעַ: אֵין כֵּאלֹהֵינוּ.

אָמַר הַמֶּלֶךְ: אֲנִי רוֹצֶה לִרְאוֹת אֶת הָאֱלֹהִים שֶׁלְּךָ.

אָמַר רַבִּי יְהוֹשֻׁעַ: אַתָּה לֹא יָכוֹל לִרְאוֹת אֶת הָאֱלֹהִים שֶׁלִּי.

אָמַר הַמֶּלֶךְ: אִם אֲנִי לֹא יָכוֹל לִרְאוֹת אֶת הָאֱלֹהִים שֶׁלְּךָ,

אֲנִי לֹא יָכוֹל לְהַאֲמִין שֶׁהוּא בּוֹרֵא אֶת הַכֹּל.

אָמַר רַבִּי יְהוֹשֻׁעַ: אִם אַתָּה בֶּאֱמֶת רוֹצֶה לִרְאוֹת אֶת

הָאֱלֹהִים שֶׁלִּי, אַתָּה יָכוֹל לַעֲמֹד לִפְנֵי הַבַּיִת

וּלְהַבִּיט בַּשֶּׁמֶשׁ.

כַּאֲשֶׁר הַמֶּלֶךְ עָמַד לִפְנֵי הַבַּיִת שֶׁל רַבִּי יְהוֹשֻׁעַ, הוּא אָמַר:

אֲנִי לֹא יָכוֹל לְהַבִּיט בַּשֶּׁמֶשׁ כִּי הָאוֹר שֶׁל הַשֶּׁמֶשׁ

חָזָק (strong) מְאֹד.

אָמַר רַבִּי יְהוֹשֻׁעַ: אִם אַתָּה לֹא יָכוֹל לְהַבִּיט

בָּאוֹר שֶׁל הַשֶּׁמֶשׁ, אֵיךְ (how) אַתָּה יָכוֹל לְהַבִּיט

בְּמִי שֶׁיּוֹצֵר אֶת הַמְּאוֹרוֹת?

checkpoint 1

Match each שֹׁרֶשׁ to its English meaning.

___ create	(עשׂה)	1
___ see	(אהב)	2
___ do	(בּרא)	3
___ love	(ראה)	4

Checkpoint

LESSONS 1-3

checkpoint 2

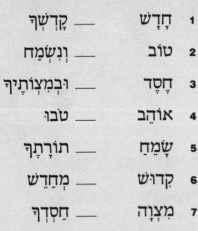

Match the word on the right to a related סִדּוּר word

___ קָדְשְׁךָ	חָדָשׁ	1
___ וְנִשְׂמַח	טוֹב	2
___ וּבְמִצְוֹתֶיךָ	חֶסֶד	3
___ טוּבוֹ	אוֹהֵב	4
___ תּוֹרָתֶךָ	שָׂמֵחַ	5
___ מְחַדֵּשׁ	קָדוֹשׁ	6
___ חַסְדְּךָ	מִצְוָה	7
___ אַהֲבַת	תּוֹרָה	8

checkpoint 3

Circle the Hebrew word that means the same as the English

your house	1	בֵּיתֵנוּ	הַבַּיִת	בֵּיתֶךָ	בֵּיתוֹ
our God	2	אֱלֹהִים	אֱלֹהֶיךָ	אֱלֹהֵינוּ	אֱלֹהֵי
your honor	3	כְּבוֹדֶךָ	כְּבוֹדִי	כָּבוֹד	כְּבוֹדוֹ
your hands	4	יָדוֹ	יָדֵינוּ	יָדֶיךָ	בַּיָד
our life	5	לְחַיִּים	חַיֶּיךָ	חַיִּים	חַיֵּינוּ
my prayer	6	תְּפִלָּתוֹ	תְּפִלָּתֶךָ	תְּפִלָּתִי	תְּפִלָּתֵנוּ

checkpoint 4

Write the English word from the word list that makes the English passage mean the same as the Hebrew.

1 מַה טֹּבוּ אֹהָלֶיךָ יַעֲקֹב

How good are your ______, Jacob

2 וְנִשְׂמַח בְּדִבְרֵי תוֹרָתֶךָ... לְעוֹלָם וָעֶד

We will rejoice in the words of Your Torah ______

3 יוֹצֵר אוֹר וּבוֹרֵא חֹשֶׁךְ

God creates ______ and creates darkness

4 הַמֵּאִיר לָאָרֶץ... בְּרַחֲמִים

God gives light to the earth with ______

5 וַאֲנִי בְּרֹב חַסְדְּךָ אָבֹא בֵיתֶךָ

And I, because of your ______ I shall come into Your house

tents	forever	light
mercy		kindness

גְּבוּרוֹת

The second blessing in the Amidah is called גְּבוּרוֹת. This בְּרָכָה speaks of God's greatness and power. God gives us life (חַיִּים). God helps the weak and the needy (סוֹמֵךְ נוֹפְלִים) and heals the sick (רוֹפֵא חוֹלִים). There is a difference between the traditional blessing and the one recited by Reform Jews. In the Reform prayerbook, the word הַכֹּל (everything) replaces the word מֵתִים (dead). The word הַכֹּל is printed in parentheses in the blessing that follows.

1 אַתָּה גִּבּוֹר לְעוֹלָם יְיָ,

2 מְחַיֵּה מֵתִים (הַכֹּל) אַתָּה, רַב לְהוֹשִׁיעַ.

3 מְכַלְכֵּל חַיִּים בְּחֶסֶד, מְחַיֵּה מֵתִים (הַכֹּל)

4 בְּרַחֲמִים רַבִּים, סוֹמֵךְ נוֹפְלִים וְרוֹפֵא חוֹלִים

5 וּמַתִּיר אֲסוּרִים, וּמְקַיֵּם אֱמוּנָתוֹ לִישֵׁנֵי עָפָר.

6 מִי כָמְוֹךָ בַּעַל גְּבוּרוֹת וּמִי דּוֹמֶה לָּךְ,

7 מֶלֶךְ מֵמִית וּמְחַיֶּה וּמַצְמִיחַ יְשׁוּעָה.

8 וְנֶאֱמָן אַתָּה לְהַחֲיוֹת מֵתִים (הַכֹּל).

9 בָּרוּךְ אַתָּה יְיָ, מְחַיֵּה הַמֵּתִים (הַכֹּל).

NEW PRAYER WORDS

1 גְּבוּרוֹת, גִּבּוֹר mighty acts, strong

2 מְחַיֶּה, חַיִּים give life, life

3 מֵתִים dead

4 לְהוֹשִׁיעַ to save

5 חוֹלִים (the) sick

6 וְנֶאֱמָן and faithful

PRAYER PRACTICE

Choose the Hebrew word that best completes each סִדּוּר *phrase and write it in the blank spaces.*

mighty	אַתָּה ________ לְעוֹלָם יְיָ	1
give life	________ מֵתִים (הַכֹּל) אַתָּה	2
with kindness	מְכַלְכֵּל חַיִּים ________	3
with mercy	מְחַיֵּה מֵתִים (הַכֹּל) ________ רַבִּים	4
the sick	רוֹפֵא ________	5

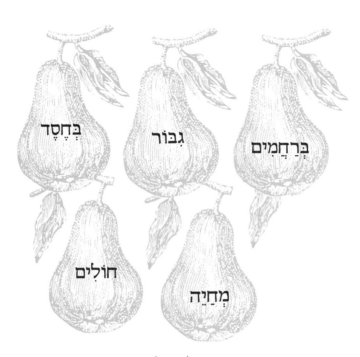

בְּחֶסֶד
גִּבּוֹר
בְּרַחֲמִים
חוֹלִים
מְחַיֵּה

PRAYER PRACTICE

Complete each English phrase by writing the English word that means the same as the underlined Hebrew word.

You are mighty ______ God	אַתָּה גִּבּוֹר לְעוֹלָם יְיָ	1
You sustain ______ with kindness	מְכַלְכֵּל חַיִּים בְּחֶסֶד	2
with great ______ You help the falling	בְּרַחֲמִים רַבִּים, סוֹמֵךְ נוֹפְלִים	3
Who is ______ ______ mighty in acts	מִי כָמוֹךָ בַּעַל גְּבוּרוֹת	4

like you	**mercy**	**forever**	**life**

God's powers are mentioned in the גְּבוּרוֹת blessing.
Can you name two?

______________________ ______________________

43

OBJECT PRONOUN

Look at this English sentence:

The teacher gave a book to us.

Now look at the same sentence in Hebrew:

הַמּוֹרֶה נָתַן לָנוּ סֵפֶר.

In Hebrew, pronouns (*us*) that follow a preposition (*to*) are never separate words. They are attached to the preposition. Here are examples that appear often in the סִדּוּר.

us	you	preposition		
לָנוּ	לְךָ	לְ	to, for	1
בָּנוּ	בְּךָ	בְּ	in, with	2
עָלֵינוּ	עָלֶיךָ	עַל	about, above, upon	3
	כָּמוֹךָ	כְּמוֹ	like	4

Circle the Hebrew word that means the same as the English.

1 וּמִי דּוֹמֶה לָּךְ — to You

2 מִי כָמוֹךָ בַּעַל גְּבוּרוֹת — like You

WORD FAMILIES

Circle the word that does not belong to the same word family, the same שֹׁרֶשׁ. Write the meaning of the word family.

1	אָהַבְתִּי	אוֹהֵב	אָהַבְתָּ	אָבוֹת (circled)	love
2	בָּרָאתָ	וּבוֹרֵא	רַבָּה	בָּרָא	______
3	מַרְבֶּה	הַמְבֹרָךְ	תִּתְבָּרַךְ	בָּרְכוּ	______
4	הַמֵּאִיר	רָאָה	אוֹר	מְאוֹרוֹת	______
5	רַחֲמִים	חַמִּים	רַחֲמָן	מְרַחֵם	______
6	לַעֲבֹד	עָבַד	עוֹבְדִים	עָמְדוּ	______
7	מְחַיֵּה	לְהַחֲיוֹת	הָיָה	חַיִּים	______
8	יְשׁוּעָה	עָשִׂיתָ	מַעֲשֵׂה	עוֹשֶׂה	______
9	עָנָה	עֲנֵנִי	נָעֶה	עוֹנֶה	______
10	רוֹאִים	לִרְאוֹת	רָאָה	רוֹצֶה	______

In the traditional גְבוּרוֹת blessing, during the fall and winter seasons we add these four words after line 2:

who causes the wind to blow מַשִּׁיב הָרוּחַ
and brings down the rain וּמוֹרִיד הַגָּשֶׁם

The rabbis say that rain is another example of God's power. Rain causes the sleeping land to come back to life, producing the food that gives *us* life.

A Hasidic rabbi once interpreted

מְכַלְכֵּל חַיִּים בְּחֶסֶד מְחַיֵּה מֵתִים בְּרַחֲמִים רַבִּים

as follows:

By giving people opportunities to practice lovingkindness, חֶסֶד, God "sustains them in life." That is, God makes their lives worthwhile. By giving people the quality of mercy, רַחֲמִים, God revives the dead, מְחַיֵּה מֵתִים. It is as though a mean, selfish person is like someone who is dead. Such people are without human feeling. However, when they are moved to deal with others with mercy, רַחֲמִים, it is as though they are brought to life – they are made human once again.

Study these new words. They will help you understand the story.

STORY WORDS

help עוֹזֵר	he lived, sat (ישב) יָשַׁב
poor עָנִי	to work (עבד) לַעֲבֹד
	give thanks מוֹדֶה

S T O R Y P R E P A R A T I O N

Maimonides was a great teacher. In Hebrew, he is known as רַמְבַּ"ם. These four Hebrew letters stand for רַבִּי מֹשֶׁה בֶּן מַיְמוֹן. Rambam divided people who perform acts of צְדָקָה into eight groups. The eighth level represents the highest form of giving.

1 One who is asked and gives unwillingly.
2 One who gives less than is appropriate, but gives cheerfully.
3 One who gives a proper amount after being asked.
4 One who gives before being asked.
5 One who gives and does not know the receiver.
6 One who gives and does know the receiver but remains anonymous to him or her.
7 Both giver and receiver are unknown to each other.
8 One who helps people to provide for themselves, so they will not need future help.

WORD PRACTICE

Circle the word that means the same as the English.

עָנָה	(הָיָה)	הוּא	חַי	**1** was
מוֹשִׁיעַ	אֱלֹהִים	מִשְׁפָּחָה	מִתְפַּלֵּל	**2** pray
יוֹשֵׁב	עוֹזֵר	יוֹדֵעַ	עָלָה	**3** know
טוֹב	יָפֶה	עָנִי	שָׂמֵחַ	**4** happy
הִיא	אוֹתוֹ	לִי	שֶׁלְּךָ	**5** him
בֵּן	יַלְדָּה	אִשָּׁה	אָב	**6** son
שׁוֹמֵעַ	אוֹמֵר	שׁוֹאֵל	יָכוֹל	**7** hear
עָשָׂה	עָבַד	הָלַךְ	נָתַן	**8** gave
יוֹצֵר	עוֹזֵר	אוֹהֵב	עוֹלָה	**9** help
אִישׁ	סַבָּא	אַבָּא	יֶלֶד	**10** man

48

אִישׁ עָשִׁיר וְאִישׁ עָנִי

A rich man gave money to a rabbi so that he might help the poor. According to Maimonides, which degree of צְדָקָה *did the rich man fulfill? Which degree did the rabbi perform?*

יַעֲקֹב הָיָה אִישׁ עָשִׁיר (rich).

הָאִשָּׁה שֶׁלּוֹ יָלְדָה (gave birth) בֵּן. יַעֲקֹב הָיָה שָׂמֵחַ מְאֹד.

הוּא הָלַךְ לַבַּיִת שֶׁל הָרַב וְאָמַר: אֲנִי מוֹדֶה לַה׳

כִּי נָתַן לִי בֵּן. אֲנִי רוֹצֶה לַעֲשׂוֹת חֶסֶד

לַנּוֹפְלִים וְלַחוֹלִים. הִנֵּה כֶּסֶף.

עַל־יַד הַבַּיִת שֶׁל הָרַב יָשַׁב (lived) צְבִי.

צְבִי הָיָה אִישׁ טוֹב. אֲבָל הוּא הָיָה חוֹלֶה וְלֹא יָכוֹל לַעֲבֹד.

צְבִי הָיָה אִישׁ עָנִי.

הַיְלָדִים שֶׁלּוֹ אָמְרוּ: אַבָּא, לָמָּה אֵין אֹכֶל בַּבַּיִת?

אֲנַחְנוּ רוֹצִים אֹכֶל.

צְבִי לֹא עָנָה. הוּא חָשַׁב:

אֲנִי מִתְפַּלֵּל בְּכָל יוֹם שֶׁה׳

מְכַלְכֵּל חַיִּים (sustains the living) בְּחֶסֶד.

אֲנִי מִתְפַּלֵּל שֶׁה׳ סוֹמֵךְ (supports) נוֹפְלִים

וְרוֹפֵא (and heals) חוֹלִים.

לָמָּה ה׳ לֹא עוֹזֵר לִי?

אֲנִי הוֹלֵךְ לָרַב לִשְׁאֹל (to ask) אוֹתוֹ.

צְבִי בָּא לַבַּיִת שֶׁל הָרַב וְאָמַר אֶל הָרַב:

אֲנִי חוֹלֶה וְלֹא יָכוֹל לַעֲבֹד.

הַיְלָדִים שֶׁלִּי רוֹצִים אֹכֶל וְאֵין אֹכֶל בַּבַּיִת.

אַתָּה יוֹדֵעַ שֶׁאֱלֹהִים יָכוֹל לְהוֹשִׁיעַ אֲנָשִׁים (people).

לָמָּה אֱלֹהִים לֹא מוֹשִׁיעַ אֶת הַמִּשְׁפָּחָה שֶׁלִּי?

הָרַב שָׂם אֶת הַכֶּסֶף שֶׁיַּעֲקֹב נָתַן לוֹ בַּיָּדַיִם שֶׁל צְבִי

וְאָמַר: ה' מוֹשִׁיעַ אֶת הַמִּשְׁפָּחָה שֶׁלְּךָ.

ה' שׁוֹמֵעַ לַתְּפִלָּה שֶׁלְּךָ.

כְּמוֹ שֶׁכָּתוּב בַּסִּדּוּר:

ה' "מְכַלְכֵּל חַיִּים בְּחֶסֶד",

ה' "סוֹמֵךְ נוֹפְלִים וְרוֹפֵא חוֹלִים".

בִּרְכַּת הַחֹדֶשׁ

We have a special way of counting time. Each new Hebrew month begins when a new moon appears. This is called רֹאשׁ חֹדֶשׁ ("the head of the month"). We look upon each new month as a new beginning – an opportunity to improve ourselves physically and spiritually. On the שַׁבָּת preceding the first day of the new month, we recite a blessing for the new month called בִּרְכַּת הַחֹדֶשׁ.

1 יְהִי רָצוֹן מִלְּפָנֶיךָ, יְיָ אֱלֹהֵינוּ וֵאלֹהֵי אֲבוֹתֵינוּ,

2 שֶׁתְּחַדֵּשׁ עָלֵינוּ אֶת הַחֹדֶשׁ הַזֶּה לְטוֹבָה וְלִבְרָכָה.

3 וְתִתֶּן־לָנוּ חַיִּים אֲרֻכִּים, חַיִּים שֶׁל שָׁלוֹם,

4 חַיִּים שֶׁל טוֹבָה, חַיִּים שֶׁל בְּרָכָה, חַיִּים שֶׁל פַּרְנָסָה,

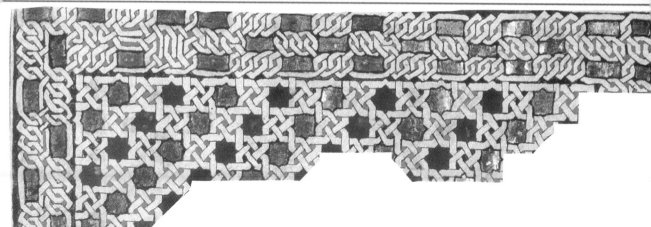

חַיִּים שֶׁיִּמָּלְאוּ מִשְׁאֲלוֹת לִבֵּנוּ לְטוֹבָה, אָמֵן סֶלָה.
מִי שֶׁעָשָׂה נִסִּים לַאֲבוֹתֵינוּ וְגָאַל אוֹתָם מֵעַבְדוּת לְחֵרוּת,
הוּא יִגְאַל אוֹתָנוּ בְּקָרוֹב, וִיקַבֵּץ נִדָּחֵינוּ מֵאַרְבַּע כַּנְפוֹת הָאָרֶץ,
חֲבֵרִים כָּל יִשְׂרָאֵל, וְנֹאמַר אָמֵן.

NEW PRAYER WORDS

1 שֶׁתְּחַדֵּשׁ that You will renew
2 הַחֹדֶשׁ the month
3 וְגָאַל and redeemed
4 אוֹתָם them
5 מֵעַבְדוּת from slavery
6 חֲבֵרִים friends

SIDDUR CONNECTIONS

Draw a line from the word on the right to the related siddur word on the left.

שֶׁתְּחַדֵּשׁ	לִפְנֵי
לִבֵּנוּ	חָדָשׁ
עָלֵינוּ	עַל
מִלְּפָנֶיךָ	לֵב

שֶׁעָשָׂה	אוֹמֵר
וְנֹאמַר	הָיָה
וְתִתֵּן	עָשָׂה
יְהִי	נָתַן

חֹדֶשׁ	אָבוֹת
אֲבוֹתֵינוּ	טוֹב
לְטוֹבָה	בָּרוּךְ
וְלִבְרָכָה	חָדָשׁ

WORD MATCH

Circle the Hebrew word that means the same as the English.

יְהִי רָצוֹן מִלְּפָנֶיךָ	1	will, desire
חֲבֵרִים כָּל יִשְׂרָאֵל	2	friends
שֶׁתְּחַדֵּשׁ עָלֵינוּ אֶת הַחֹדֶשׁ	3	the month
מִי שֶׁעָשָׂה נִסִּים לַאֲבוֹתֵינוּ	4	for our ancestors (fathers)
וְגָאַל אוֹתָם מֵעַבְדוּת	5	from slavery
הוּא יִגְאַל אוֹתָנוּ בְּקָרוֹב	6	will redeem
חַיִּים שֶׁל בְּרָכָה	7	blessing
וְתִתֶּן לָנוּ חַיִּים אֲרֻכִּים	8	and give

LOOKING FOR UNDERSTANDING

What do we pray for in בִּרְכַּת הַחֹדֶשׁ?
Write the number of the Hebrew phrase in the blank space next to the English.

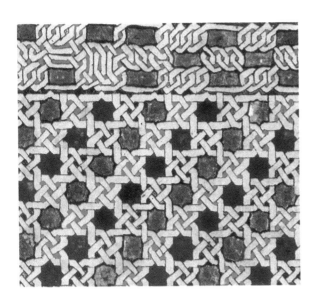

1 יְהִי רָצוֹן מִלְּפָנֶיךָ

2 לְטוֹבָה וְלִבְרָכָה

3 וְתִתֶּן לָנוּ חַיִּים אֲרֻכִּים

4 חַיִּים שֶׁל שָׁלוֹם

5 חַיִּים שֶׁל טוֹבָה

6 חַיִּים שֶׁל בְּרָכָה

__3__ and give us a long life
_____ a life of blessing
_____ a life of goodness
_____ for goodness and for blessing
_____ may it be Your will
_____ a life of peace

OBJECT PRONOUN

In Hebrew, when the object pronoun comes after אֶת, we change the אֶת to אוֹת and then we attach the usual pronoun endings.

These are the forms that appear frequently in the סִדּוּר:

you	אוֹתְךָ
him, it	אוֹתוֹ
us	אוֹתָנוּ
them	אוֹתָם

Circle the Hebrew word that means the same as the English.

them	וְגָאַל אוֹתָם מֵעַבְדוּת	1
us	הוּא יִגְאַל אוֹתָנוּ בְּקָרוֹב	2
it	וַיְקַדֵּשׁ אוֹתוֹ	3

THE HEBREW MONTHS

Here are the names of the Hebrew months, and the equivalent months in the civil calendar.

October-November	September-October
חֶשְׁוָן	תִּשְׁרֵי

December-January	November-December
טֵבֵת	כִּסְלֵו

February-March	January-February
אֲדָר	שְׁבָט

April-May	March-April
אִיָּיר	נִיסָן

June-July	May-June
תַּמוּז	סִיוָן

August-September	July-August
אֱלוּל	אָב

In what Hebrew months do these Jewish holidays occur?

_____ פּוּרִים	רֹאשׁ הַשָּׁנָה _*תשרי*_
_____ פֶּסַח	יוֹם כִּפּוּר _____
יוֹם הָעַצְמָאוּת _____	סֻכּוֹת _____
ל"ג בָּעֹמֶר _____	חֲנוּכָּה _____
_____ שָׁבוּעוֹת	ט"וּ בִּשְׁבָט _____

Study these new words. They will help you understand the story.

STORY WORDS

charity, righteous act צְדָקָה	you אוֹתְךָ
and He will (שמר) וְיִשְׁמְרֶךָ	take (לקח) לוֹקֵחַ
watch over (guard) you	to give (נתן) לָתֵת

S T O R Y   P R E P A R A T I O N

The Temple in Jerusalem was destroyed two thousand years ago. But part of the stone wall that surrounded the Temple still stands to this day. This Western Wall is a special place for prayer.

Match each English word with a Hebrew word on the Western Wall הַכֹּתֶל הַמַּעֲרָבִי.

___דְּבָרִים   ___לְהִתְפַּלֵּל

___עוֹלָם   ___יְבָרֶכְךָ

___צְדָקָה   ___עֲנִיִּים   ___לוֹקֵחַ

___יִשְׁמְרֶךָ   ___עוֹמֵד   ___לָתֵת

___אִישׁ

___עוֹזֵר

1 world	**4** things, words	**8** He will bless you	**12** charity
2 He will watch over you	**5** takes	**9** to give	
3 to pray	**6** poor men	**10** help	
	7 stands	**11** man	

| 60 |

עַל מָה הָעוֹלָם עוֹמֵד?

Our tradition teaches the obligation to give charity, צְדָקָה*. In this story, why did the father give* צְדָקָה *and then bless the poor man as well?*

אָב אֶחָד וְהַבֵּן שֶׁלּוֹ הָיוּ בִּירוּשָׁלַיִם.

הֵם רָצוּ לְהִתְפַּלֵּל תְּפִלַּת שַׁחֲרִית עַל־יַד

הַכֹּתֶל־הַמַּעֲרָבִי (Western Wall).

כַּאֲשֶׁר בָּאוּ לַכֹּתֶל, אִישׁ עָנִי אָמַר לָאָב:

אֲנִי אִישׁ עָנִי, בְּבַקָּשָׁה לָתֵת לִי צְדָקָה.

הָאָב נָתַן כֶּסֶף לָאִישׁ וְאָמַר לוֹ:

יְבָרֶכְךָ ה׳ וְיִשְׁמְרֶךָ (and He will protect you).

אִישׁ שֵׁנִי בָּא אֶל הָאָב וְאָמַר:

בְּבַקָּשָׁה לָתֵת לִי צְדָקָה, אֲנִי אִישׁ עָנִי.

הָאָב נָתַן כֶּסֶף לָאִישׁ וְאָמַר גַּם לוֹ:

יְבָרֶכְךָ ה׳ וְיִשְׁמְרֶךָ.

הָאָב וְהַבֵּן עָמְדוּ וְהִתְפַּלְלוּ תְּפִלַּת שְׁמוֹנֶה עֶשְׂרֵה.

אַחֲרֵי שֶׁהֵם גָּמְרוּ (finished) לְהִתְפַּלֵּל,

הַבֵּן שָׁאַל אֶת הָאָב:

אַבָּא, לָמָּה אַתָּה מְבָרֵךְ אֶת הָעֲנִיִּים?

הֵם צְרִיכִים (need) לְבָרֵךְ אוֹתְךָ

כִּי אַתָּה נוֹתֵן לָהֶם צְדָקָה.

הָאָב עָנָה: תְּפִלָּה הִיא עֲבוֹדָה (service, worship).

הָעוֹלָם עוֹמֵד עַל שְׁלֹשָׁה דְבָרִים:

"עַל הַתּוֹרָה, עַל הָעֲבוֹדָה וְעַל

גְּמִילוּת חֲסָדִים" (charitable acts).

הַבֵּן שָׁאַל: אֲבָל לָמָּה אַתָּה מְבָרֵךְ אֶת הָעֲנִיִּים?

הָאָב עָנָה: כַּאֲשֶׁר אִישׁ עָנִי לוֹקֵחַ צְדָקָה

מִמֶּנִּי (from me), הוּא עוֹזֵר לִי לְקַיֵּים (to fulfill)

אֶת הַמִּצְוָה שֶׁל גְּמִילוּת חֲסָדִים.

עַל־כֵּן, אֲנִי מְבָרֵךְ אוֹתוֹ.

LESSON 6 שִׁעוּר

מִזְמוֹר לְדָוִד

As the congregation chants Psalm 29, the תּוֹרָה is returned to אֲרוֹן הַקֹּדֶשׁ. In this psalm we praise God and describe God's power in nature. We pray that God will bless us with peace.

1 מִזְמוֹר לְדָוִד

2 הָבוּ לַייָ בְּנֵי אֵלִים   הָבוּ לַייָ כָּבוֹד וָעֹז:

3 הָבוּ לַייָ כְּבוֹד שְׁמוֹ   הִשְׁתַּחֲווּ לַייָ בְּהַדְרַת־קֹדֶשׁ:

4 קוֹל יְיָ עַל־הַמָּיִם   אֵל־הַכָּבוֹד הִרְעִים

5 יְיָ עַל־מַיִם רַבִּים:

6 קוֹל־יְיָ בַּכֹּחַ   קוֹל יְיָ בֶּהָדָר:

7 וּבְהֵיכָלוֹ כֻּלּוֹ אֹמֵר כָּבוֹד:

8 יְיָ לַמַּבּוּל יָשָׁב   וַיֵּשֶׁב יְיָ מֶלֶךְ לְעוֹלָם:

9 יְיָ עֹז לְעַמּוֹ יִתֵּן   יְיָ יְבָרֵךְ אֶת־עַמּוֹ בַשָּׁלוֹם:

NEW PRAYER WORDS

1 מִזְמוֹר לְדָוִד A psalm (song) of David

2 כָּבוֹד honor, glory

3 וָעֹז and strength, might

4 קוֹל voice

5 הַמָּיִם the water

6 בַּכֹּחַ in strength, might

WORD MATCH

Draw a line from the siddur word to the correct English meaning.

water	שְׁמוֹ
strength	קוֹל
voice	מַיִם
His name	עֹז

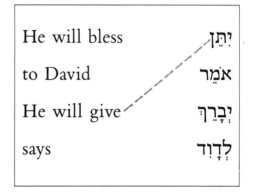

He will bless	יִתֵּן
to David	אֹמֵר
He will give	יְבָרֵךְ
says	לְדָוִד

honor	קֹדֶשׁ
forever	כֹּחַ
holy	לְעוֹלָם
strength	כָּבוֹד

SIDDUR CONNECTIONS

Draw a line from the סִדּוּר *word in the right column to a related word in the left column.*

שֵׁם	לְעַמּוֹ
כָּל	בְּנֵי
בֵּן	כֻּלּוֹ
עַם	שְׁמוֹ

נָתַן	רַבִּים
יָשַׁב	וַיֵּשֶׁב
בָּרוּךְ	יִתֵּן
הַרְבֵּה	יְבָרֵךְ

Draw a line from the שֹׁרֶשׁ *to the English meaning.*

answer	(גאל)
create	(ענה)
make	(יצר)
redeem	(עשׂה)

bless	(היה)
give	(אמר)
say	(נתנ)
was	(בּרכ)

The Book of Psalms (סֵפֶר תְּהִלִּים) is a collection of religious poems. It is part of the section of the Bible called "Writings" (כְּתוּבִים).

For centuries, Jews have recited and sung the psalms (תְּהִלִּים) at home and in the synagogue.

There are many kinds of psalms: for times of joy, for times of thanksgiving and for times of sorrow.

There are 150 psalms in סֵפֶר תְּהִלִּים.

Approximately seventy of these are included in the סִדּוּר.

מִזְמוֹר לְדָוִד is the heading of Psalm 29. According to tradition, King David composed the psalms at various times in his life. The rabbis taught that Psalm 29 should be recited as part of the תּוֹרָה service because the word עֹז (strength) refers to the תּוֹרָה.

Psalm 29 describes and praises God's power in nature. God, who calms powerful storms, also blesses His people with peace:

יְיָ יְבָרֵךְ אֶת עַמּוֹ בַשָּׁלוֹם.

Read these phrases from the סִדּוּר*. They tell us about God. Write the missing English words that mean the same as the underlined Hebrew words.*

God will give ______ to his people	יְיָ <u>עֹז</u> לְעַמּוֹ יִתֵּן	1
and ______ them from slavery	<u>וְגָאַל</u> אוֹתָם מֵעַבְדוּת	2
You are ______ forever	אַתָּה <u>גִּבּוֹר</u> לְעוֹלָם	3
______ light and creates darkness	<u>יוֹצֵר</u> אוֹר וּבוֹרֵא חֹשֶׁךְ	4
______ His people Israel	<u>אוֹהֵב</u> עַמּוֹ יִשְׂרָאֵל	5

creates **redeemed** **strength** **loves** **mighty**

Which phrase is most important to you? Why?

____

Study these new words. They will help you understand the story.

STORY WORDS

without בְּלִי

fish דָּגִים

afraid (of) יָרֵא, יְרֵאִים (מִפְּנֵי)

to live (חיה) לִחְיוֹת

to go up (עלה) לַעֲלוֹת

Write the Hebrew for the English words.
Write one Hebrew letter in each blank space leaving out the vowels.
Now write every letter that has a number under it in the corresponding space at the bottom of the page. When you finish, you'll find out why Rabbi Akiba continued to study Torah even though his life was in danger.

__ __	strength	7	+ _N_ ב	time	1
7			1		
__ __ __ __Torah		8	__ __ __	without	2
8			2		
__ __ __ place		9	__ __ __	water	3
9			3		
__ __ __ afraid		10	__ __ __ __ __to live		4
10			4		
__ __ __ saw		11	__ __ __ __ to study		5
11			5		
__ __ __ __they said		12	__ __ __ __ fish		6
12			6		

__ __ __ __ __   __ __ __
3 2 6 5 4   3 2 1

__ __ __ __ __ __ __   __ __ __ __ __
3 2 5 12 11 2 4   11 10 9 8 7

Water to fish is like Torah to the Jewish people.

תּוֹרַת חַיִּים

Despite great personal danger,
Rabbi Akiva continued to study Torah. How did he
explain this to his friend?

בִּזְמַן שֶׁל רַבִּי עֲקִיבָא הָרוֹמָאִים (Romans) הָיוּ בְּאֶרֶץ יִשְׂרָאֵל.

הָרוֹמָאִים אָמְרוּ לַיְּהוּדִים:

אָסוּר (it is forbidden) לִלְמֹד תּוֹרָה!

רַבִּי עֲקִיבָא הִמְשִׁיךְ (continued) לִלְמֹד תּוֹרָה

וְלֹא שָׁמַע לְדִבְרֵי הָרוֹמָאִים.

פַּעַם (once), חָבֵר שָׁאַל אֶת רַבִּי עֲקִיבָא:

לָמָּה אַתָּה לוֹמֵד תּוֹרָה?

הַאִם אֵין אַתָּה יָרֵא מִפְּנֵי הָרוֹמָאִים?

רַבִּי עֲקִיבָא סִפֵּר סִפּוּר (told a story) אֶל הֶחָבֵר שֶׁלּוֹ:

יוֹם אֶחָד, שׁוּעָל (fox) הָלַךְ עַל־יַד נָהָר (river),

וְרָאָה דָגִים רָצִים (running, hurrying) מִמָּקוֹם לְמָקוֹם

בַּמַּיִם.

הַשּׁוּעָל שָׁאַל אֶת הַדָּגִים:

לָמָּה אַתֶּם רָצִים בַּמַּיִם?

הַדָּגִים אָמְרוּ: אֲנַחְנוּ רָצִים מִן הַדַּיָּגִים (fishermen).

אֲנַחְנוּ יְרֵאִים מִפְּנֵי הַדַּיָּגִים.

הַשּׁוּעָל אָמַר: אִם אַתֶּם יְרֵאִים מִפְּנֵי הַדַּיָּגִים,

אַתֶּם יְכוֹלִים לַעֲלוֹת עַל הָאֲדָמָה.

הַדָּגִים אָמְרוּ לַשּׁוּעָל:

בַּמַּיִם אֲנַחְנוּ יְרֵאִים מִפְּנֵי הַדַּיָּגִים,

עַל הָאֲדָמָה אֵין מַיִם.

אֲנַחְנוּ לֹא יְכוֹלִים לִחְיוֹת בְּלִי מַיִם.

רַבִּי עֲקִיבָא אָמַר לְחָבֵר שֶׁלּוֹ:

דָּגִים לֹא יְכוֹלִים לִחְיוֹת בְּלִי מַיִם,

וַאֲנַחְנוּ, הַיְהוּדִים, לֹא יְכוֹלִים לִחְיוֹת בְּלִי תּוֹרָה.

לְדָגִים אֵין חַיִּים בְּלִי מַיִם

וְאֵין חַיִּים בְּלִי תּוֹרָה לַיְּהוּדִים.

מַיִם לְדָגִים כְּתוֹרָה לַיְּהוּדִים.

כַּךְ (thus) סִפֵּר רַבִּי עֲקִיבָא.

checkpoint 1

Match the שֹׁרֶשׁ to its English meaning

__ be	(יצר)	1
__ new	(קומ)	2
__ do	(נתנ)	3
__ create	(עבד)	4
__ answer	(ענה)	5
__ give	(חדש)	6
__ get up	(עשה)	7
__ work	(היה)	8

Checkpoint

LESSONS 1-6

checkpoint 2

Circle the English word that means the same as the underlined Hebrew word.

1 מְכַלְכֵּל חַיִּים בְּחֶסֶד

strength kindness blessing truth

2 חַיִּים שֶׁל שָׁלוֹם

charity water life month

3 קוֹל יְיָ בַּכֹּחַ

voice law fear honor

4 חֲבֵרִים כָּל יִשְׂרָאֵל

sons friends months fathers

5 וְנֶאֱמָן אַתָּה לְהַחֲיוֹת הַכֹּל

great faithful blessed strong

6 קוֹל יְיָ עַל הַמָּיִם

king nation water sun

checkpoint 3

Circle the Hebrew word that means the same as the English

1	them	כָּמוֹךְ	לָנוּ	אוֹתָם	אַתָּה
2	man	אִישׁ	עֹז	עָנִי	אוֹר
3	charity	מִצְוָה	צְדָקָה	תְּפִלָּה	כֶּסֶף
4	to work	לְהַבִּיט	לַעֲלוֹת	לָתֵת	לַעֲבֹד
5	to save	לְהַאֲמִין	לִרְאוֹת	לְהוֹשִׁיעַ	לִחְיוֹת

checkpoint 4

Match the Hebrew sentence with the idea

1 חֲבֵרִים כָּל יִשְׂרָאֵל

— We ask God to give us a good life

— All Jews are friends

2 רוֹפֵא חוֹלִים

3 וְתִתֵּן לָנוּ... חַיִּים שֶׁל טוֹבָה

— God blesses His nation with peace

4 יְיָ יְבָרֵךְ אֶת עַמּוֹ בַשָּׁלוֹם

— God heals sick people

LESSON 7 שִׁעוּר

הַלֵּל

The Hallel Service is recited on the Festival Holidays – סֻכּוֹת, פֶּסַח, שָׁבוּעוֹת – on חֲנֻכָּה and on רֹאשׁ חֹדֶשׁ – the beginning of each new month. The הַלֵּל is a collection of six psalms. Here are selections from two of them.

Psalm 113 We call upon everyone to praise God:

1 הַלְלוּיָהּ

2 הַלְלוּ עַבְדֵי יְיָ הַלְלוּ אֶת־שֵׁם יְיָ.

3 יְהִי שֵׁם יְיָ מְבֹרָךְ מֵעַתָּה וְעַד־עוֹלָם.

4 מִמִּזְרַח־שֶׁמֶשׁ עַד־מְבוֹאוֹ מְהֻלָּל שֵׁם יְיָ.

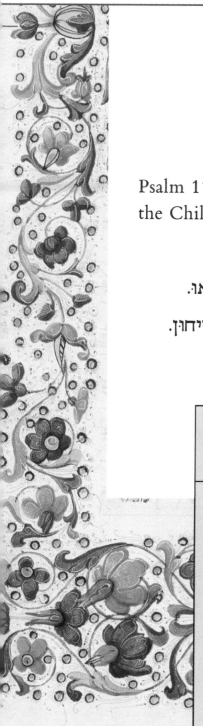

Psalm 115   Ancient nations worshipped idols, but the Children of Israel worshipped only God:

1 עֲצַבֵּיהֶם כֶּסֶף וְזָהָב   מַעֲשֵׂה יְדֵי אָדָם.

2 פֶּה־לָהֶם וְלֹא יְדַבֵּרוּ   עֵינַיִם לָהֶם וְלֹא יִרְאוּ.

3 אָזְנַיִם לָהֶם וְלֹא יִשְׁמָעוּ   אַף לָהֶם וְלֹא יְרִיחוּן.

4 יְדֵיהֶם וְלֹא יְמִישׁוּן   רַגְלֵיהֶם וְלֹא יְהַלֵּכוּ.

NEW PRAYER WORDS

1 הַלֵּל praise
2 הַלְלוּיָהּ praise God
3 הַלְלוּ praise (verb)
4 מְהֻלָּל praised
5 מֵעַתָּה from now
6 כֶּסֶף silver
7 וְזָהָב and gold
8 אָדָם man
9 פֶּה mouth

RELATED WORDS

Connect the word on the right to the related סִדּוּר *word.*

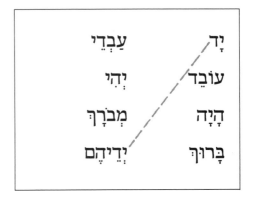

יָד	עֲבָדֶי
עוֹבֵד	יְהִי
הָיָה	מְבֹרָךְ
בָּרוּךְ	יְדֵיהֶם

מְדַבֵּר	יִרְאוּ
שׁוֹמֵעַ	יִשְׁמְעוּ
הוֹלֵךְ	יְדַבְּרוּ
רוֹאֶה	יְהַלְּכוּ

BE A TRANSLATOR

Draw a line from the siddur word to the correct English meaning.

אָדָם	and gold
פֶּה	from now (on)
עֵינַיִם	man
וְזָהָב	mouth
מֵעַתָּה	eyes

יְהַלְּכוּ	praise God
יִרְאוּ	they will speak
יְדַבְּרוּ	they will hear
יִשְׁמְעוּ	they will see
הַלְלוּיָהּ	they will walk

WORD MATCH

Circle the English that means the same as the underlined Hebrew word.

Praise God's name	הַלְלוּ אֶת שֵׁם יְיָ	1
May God's name be blessed	יְהִי שֵׁם יְיָ מְבֹרָךְ	2
From now and forever	מֵעַתָּה וְעַד עוֹלָם	3
The work of man's hands	מַעֲשֵׂה יְדֵי אָדָם	4
They have a mouth and will not speak	פֶּה לָהֶם וְלֹא יְדַבֵּרוּ	5
They have eyes and will not see	עֵינַיִם לָהֶם וְלֹא יִרְאוּ	6
They have ears and will not hear	אָזְנַיִם לָהֶם וְלֹא יִשְׁמָעוּ	7

MORE PRAYER PRACTICE

Here are two additional selections from the הַלֵּל service.
Psalm 117 We praise God whose truth endures forever.

1 הַלְלוּ אֶת־יְיָ כָּל־גּוֹיִם שַׁבְּחוּהוּ כָּל־הָאֻמִּים.

2 כִּי גָבַר עָלֵינוּ חַסְדּוֹ וֶאֱמֶת־יְיָ לְעוֹלָם

3 הַלְלוּיָהּ.

Psalm 118 We thank God for His חֶסֶד – loving-kindness.

1 הוֹדוּ לַייָ כִּי־טוֹב כִּי לְעוֹלָם חַסְדּוֹ.

2 יְיָ לִי לֹא אִירָא מַה־יַּעֲשֶׂה לִי אָדָם.

3 עָזִּי וְזִמְרָת יָהּ וַיְהִי־לִי לִישׁוּעָה.

4 קוֹל רִנָּה וִישׁוּעָה בְּאָהֳלֵי צַדִּיקִים

5 בָּרוּךְ אַתָּה יְיָ מֶלֶךְ מְהֻלָּל בַּתִּשְׁבָּחוֹת.

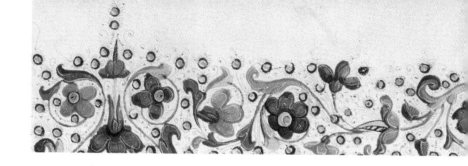

WORD MATCH

Circle the Hebrew word that means the same as the English.

1	my strength	עָזִּי וְזִמְרָת יָהּ
2	sun	מִמִּזְרַח שֶׁמֶשׁ עַד מְבוֹאוֹ
3	their hands	יְדֵיהֶם וְלֹא יְמִישׁוּן
4	silver	עֲצַבֵּיהֶם כֶּסֶף וְזָהָב
5	His kindness	כִּי לְעוֹלָם חַסְדּוֹ
6	man	מַה יַּעֲשֶׂה לִי אָדָם
7	righteous people	בְּאָהֳלֵי צַדִּיקִים
8	voice	קוֹל רִנָּה וִישׁוּעָה

WORD FAMILIES

Write the שֹׁרֶשׁ *and the meaning of the word family.*
You will find the answers in the boxes below.

Meaning	שֹׁרֶשׁ				
________	________	וַיֹּאמְרוּ	וְנֹאמַר	אוֹמֵר	1
________	________	אָהַבְתָּ	אַהֲבַת	אָהַבְתִּי	2
________	________	תִּתְבָּרַךְ	יְבָרֵךְ	מְבֹרָךְ	3
________	________	מְהֻלָּל	הַלֵּל	הַלְלוּיָהּ	4
________	________	חָדָשׁ	מְחַדֵּשׁ	שֶׁתְּחַדֵּשׁ	5
________	________	עָשִׂיתָ	שֶׁעָשָׂה	יַעֲשֶׂה	6
________	________	לְהַחֲיוֹת	וּמְחַיֶּה	מְחַיֵּה	7
________	________	לִרְאוֹת	רָאָה	יִרְאוּ	8

love	(make) new
do	see
give life	bless
praise	say

(הלל)	(ברכ)
(ראה)	(אמר)
(חיה)	(עשה)
(אהב)	(חדש)

Study these new words. They will help you understand the story.

STORY WORDS	helper, savior מוֹשִׁיעַ	יִמְלֹךְ (מלכ) He will rule
	idol(s) פֶּסֶל, פְּסָלִים	לִהְיוֹת (היה) to be
		מָגֵן shield

S T O R Y   P R E P A R A T I O N

יוֹצֵר

נוֹתֵן

לְעוֹלָם

קוֹל

הָרִאשׁוֹן

הָיָה

לְהַאֲמִין

הַפֶּסֶל

יִמְלֹךְ

הִתְפַּלֵל

גִּבּוֹר

הַלְלוּ

Find the word that best completes each sentence and write it in the blank space.

creates	1 יְיָ ______ אוֹר וּבוֹרֵא חשֶׁךְ
gives	2 יְיָ ______ לָנוּ חַיִּים טוֹבִים
Praise	3 ______ אֶת שֵׁם יְיָ
the idol	4 ______ לֹא מְדַבֵּר
voice	5 ______ יְיָ עַל הַמָּיִם
to believe	6 הָאָב רוֹצֶה ______ בַּיְיָ
the first	7 אַבְרָהָם הָיָה הַיְּהוּדִי ______
prayed	8 אַבְרָהָם ______ לַיְיָ
was	9 מִי ______ בָּאֹהֶל?
forever	10 וַיֵּשֶׁב יְיָ מֶלֶךְ ______

הָאָב לוֹמֵד מֵהַבֵּן

Can a son teach his father?
What lesson does Terah learn from Abraham?

אַבְרָהָם אָבִינוּ הָיָה הַיְהוּדִי הָרִאשׁוֹן שֶׁהִתְפַּלֵּל
אֶל אֱלֹהִים.

תֶּרַח, הָאָב שֶׁל אַבְרָהָם, לֹא הִתְפַּלֵּל אֶל אֱלֹהִים.

תֶּרַח עָשָׂה הַרְבֵּה פְּסָלִים וְהִתְפַּלֵּל לָהֶם.

יוֹם אֶחָד אַבְרָהָם שָׁאַל אֶת תֶּרַח: אַבָּא, לָמָּה

אַתָּה מִתְפַּלֵּל לַפֶּסֶל? לָמָּה אַתָּה מִשְׁתַּחֲוֶה (bow down) לַפֶּסֶל?

תֶּרַח עָנָה: אֲנִי מִתְפַּלֵּל לַפֶּסֶל לָתֵת לִי חַיִּים טוֹבִים.

אֲנִי מִתְפַּלֵּל לַפֶּסֶל לִהְיוֹת הַמּוֹשִׁיעַ וְהַמָּגֵן שֶׁלִּי.

אַבְרָהָם אָמַר: אַבָּא, הַפֶּסֶל לֹא יָכוֹל לָתֵת לְךָ חַיִּים טוֹבִים.

הַפֶּסֶל לֹא יָכוֹל לִהְיוֹת הַמּוֹשִׁיעַ וְהַמָּגֵן שֶׁלְּךָ.

תֶּרַח שָׁאַל: לָמָּה אַתָּה אוֹמֵר אֶת הַדְּבָרִים הָאֵלֶּה (these)?

עָנָה אַבְרָהָם: הַפֶּסֶל רַק (only) אֶבֶן (stone).

לַפֶּסֶל יֵשׁ עֵינַיִם, אֲבָל הוּא לֹא רוֹאֶה.

לַפֶּסֶל יֵשׁ אָזְנַיִם (ears), אֲבָל הוּא לֹא שׁוֹמֵעַ.

לַפֶּסֶל יֵשׁ פֶּה, אֲבָל הוּא לֹא מְדַבֵּר.

שָׁאַל תֶּרַח: אִם הַפֶּסֶל לֹא יָכוֹל לִהְיוֹת

הַמּוֹשִׁיעַ וְהַמָּגֵן שֶׁלִּי, מִי יָכוֹל לִהְיוֹת

הַמּוֹשִׁיעַ וְהַמָּגֵן שֶׁלִּי?

אַבְרָהָם עָנָה: אַתָּה צָרִיךְ (must) לְהַאֲמִין בַּה׳.

אַתָּה צָרִיךְ לְהִשְׁתַּחֲווֹת (to bow down) אֶל הָאֱלֹהִים

שֶׁבַּשָּׁמַיִם וּבָאָרֶץ.

יֵשׁ הַרְבֵּה פְּסָלִים אֲבָל ה׳ הוּא אֶחָד.

הוּא אֵל גָּדוֹל וְגִבּוֹר.

הוּא נוֹתֵן לָנוּ עֹז.

הוּא נוֹתֵן לָנוּ חַיִּים טוֹבִים.

הוּא הַמֶּלֶךְ שֶׁל כָּל הָעוֹלָם.

הוּא יִמְלֹךְ לְעוֹלָם וָעֶד.

תֶּרַח, הָאָב שֶׁל אַבְרָהָם, לָמַד מִן הַבֵּן שֶׁלּוֹ

שֶׁה׳ הוּא הָאֵל הַגָּדוֹל וְהַגִּבּוֹר, שֶׁה׳ יִמְלֹךְ לְעוֹלָם וָעֶד.

LESSON 8 שִׁעוּר

בִּרְכוֹת הַהַפְטָרָה

After the תּוֹרָה Reading is completed, the הַפְטָרָה is read. A הַפְטָרָה consists of passages from the second section of the Bible known as Prophets (נְבִיאִים). The person who chants the הַפְטָרָה is called the מַפְטִיר.

Five blessings are recited. The first blessing is chanted before the הַפְטָרָה is read. The other four blessings are chanted after the הַפְטָרָה has been completed.

Blessing before the הַפְטָרָה Reading:

1 בָּרוּךְ אַתָּה יְיָ אֱלֹהֵינוּ מֶלֶךְ הָעוֹלָם,

2 אֲשֶׁר בָּחַר בִּנְבִיאִים טוֹבִים

3 וְרָצָה בְדִבְרֵיהֶם הַנֶּאֱמָרִים בֶּאֱמֶת.

4 בָּרוּךְ אַתָּה יְיָ הַבּוֹחֵר בַּתּוֹרָה וּבְמֹשֶׁה עַבְדּוֹ

5 וּבְיִשְׂרָאֵל עַמּוֹ וּבִנְבִיאֵי הָאֱמֶת וָצֶדֶק.

First Blessing after the הַפְטָרָה Reading:

1 בָּרוּךְ אַתָּה יְיָ אֱלֹהֵינוּ מֶלֶךְ הָעוֹלָם,

2 צוּר כָּל־הָעוֹלָמִים צַדִּיק בְּכָל־הַדּוֹרוֹת,

3 הָאֵל הַנֶּאֱמָן הָאוֹמֵר וְעוֹשֶׂה הַמְדַבֵּר וּמְקַיֵּם

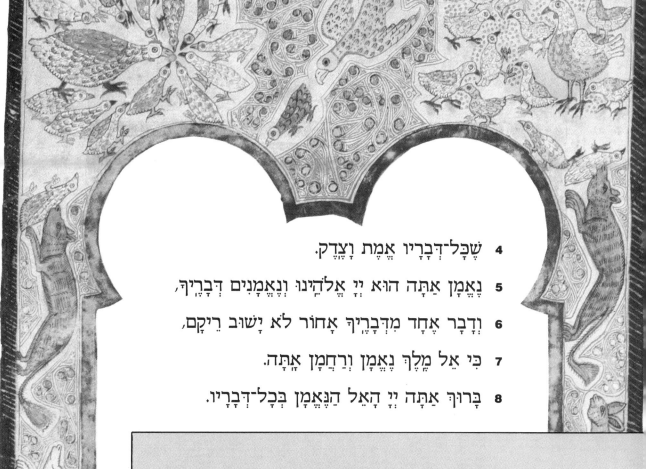

4 שֶׁכָּל־דְּבָרָיו אֱמֶת וָצֶדֶק.

5 נֶאֱמָן אַתָּה הוּא יְיָ אֱלֹהֵינוּ וְנֶאֱמָנִים דְּבָרֶיךָ,

6 וְדָבָר אֶחָד מִדְּבָרֶיךָ אָחוֹר לֹא יָשׁוּב רֵיקָם,

7 כִּי אֵל מֶלֶךְ נֶאֱמָן וְרַחֲמָן אָתָּה.

8 בָּרוּךְ אַתָּה יְיָ הָאֵל הַנֶּאֱמָן בְּכָל־דְּבָרָיו.

NEW PRAYER WORDS

1 בִּנְבִיאִים (in) prophets
2 וּבִנְבִיאֵי and (in) the prophets of
3 צוּר rock
4 צַדִּיק righteous
5 הַדּוֹרוֹת the generations
6 וּמְקַיֵּם and fulfills
7 יָשׁוּב will return

BE A TRANSLATOR

Circle the סִדּוּר *word that means the same as the English.*

אֲשֶׁר בָּחַר בָּנוּ מִכָּל הָעַמִּים **1** chose

צַדִּיק בְּכָל הַדּוֹרוֹת **2** the generations

הֵם נְבִיאִים טוֹבִים **3** prophets

נֶאֱמָן אַתָּה הוּא יְיָ אֱלֹהֵינוּ **4** faithful

שֶׁכָּל דְּבָרָיו אֱמֶת וָצֶדֶק **5** truth

צוּר כָּל הָעוֹלָמִים **6** rock

נְבִיאֵי הָאֱמֶת וָצֶדֶק **7** and righteousness

יְיָ אֵל מֶלֶךְ רַחֲמָן **8** merciful

אָחוֹר לֹא יָשׁוּב **9** will return

הָאוֹמֵר וְעוֹשֶׂה, הַמְדַבֵּר וּמְקַיֵּם **10** and fulfills

THE SUFFIX ־ָיו 'his' (plural)

1 When the Hebrew suffix וֹ is attached to a word, it means 'his' (singular): בְּנוֹ 'his son'

2 When the Hebrew suffix ־ָיו is attached to a word, it means 'his' (plural): בָּנָיו 'his sons'

Circle the Hebrew word that means the same as the English word.

1	his words	דְּבָרָיו	דְּבָרוֹ
2	his hand	יָדוֹ	יָדָיו
3	his servant	עֲבָדָיו	עַבְדּוֹ
4	his commandments	מִצְוָתוֹ	מִצְוֹתָיו
5	his kindness	חֲסָדָיו	חַסְדּוֹ

The word הַפְטָרָה means: concluding portion. The מַפְטִיר chants a portion from the תּוֹרָה and then chants a portion from the second part of the Bible called נְבִיאִים.

This section, נְבִיאִים, includes the following books: Joshua, Judges, Samuel I and II, Kings I and II and 15 other books named for the prophets in them: Isaiah, Jeremiah and so forth.

The prophets were righteous, צַדִּיקִים, who taught the people how God wanted them to live. When the people sinned, the prophets urged them to repent and return to God's ways.

It is an honor to be chosen to chant the הַפְטָרָה. You have studied the blessing that comes before the הַפְטָרָה Reading and the first blessing recited after its completion. Here are the three final blessings.

PRAYER

ENRICHMENT

Second Blessing after the הַפְטָרָה Reading:

1 רַחֵם עַל צִיּוֹן כִּי הִיא בֵּית חַיֵּינוּ,

2 וְלַעֲלוּבַת נֶפֶשׁ תּוֹשִׁיעַ בִּמְהֵרָה בְיָמֵינוּ.

3 בָּרוּךְ אַתָּה יְיָ מְשַׂמֵּחַ צִיּוֹן בְּבָנֶיהָ.

Third Blessing after the הַפְטָרָה Reading:

4 שַׂמְּחֵנוּ יְיָ אֱלֹהֵינוּ בְּאֵלִיָּהוּ הַנָּבִיא עַבְדֶּךָ

5 וּבְמַלְכוּת בֵּית דָּוִד מְשִׁיחֶךָ. בִּמְהֵרָה יָבֹא וְיָגֵל

6 לִבֵּנוּ, עַל כִּסְאוֹ לֹא יֵשֵׁב זָר וְלֹא יִנְחֲלוּ עוֹד

7 אֲחֵרִים אֶת־כְּבוֹדוֹ. כִּי בְשֵׁם קָדְשְׁךָ נִשְׁבַּעְתָּ לּוֹ

8 שֶׁלֹּא יִכְבֶּה נֵרוֹ לְעוֹלָם וָעֶד.

9 בָּרוּךְ אַתָּה יְיָ מָגֵן דָּוִד.

Fourth Blessing after the הַפְטָרָה Reading:

10 עַל הַתּוֹרָה וְעַל הָעֲבוֹדָה וְעַל הַנְּבִיאִים

11 וְעַל יוֹם הַשַּׁבָּת הַזֶּה שֶׁנָּתַתָּ לָּנוּ יְיָ אֱלֹהֵינוּ

12 לִקְדֻשָּׁה וְלִמְנוּחָה לְכָבוֹד וּלְתִפְאָרֶת.

13 עַל הַכֹּל יְיָ אֱלֹהֵינוּ אֲנַחְנוּ מוֹדִים לָךְ וּמְבָרְכִים אוֹתָךְ.

14 יִתְבָּרַךְ שִׁמְךָ בְּפִי כָּל־חַי תָּמִיד לְעוֹלָם וָעֶד.

15 בָּרוּךְ אַתָּה יְיָ מְקַדֵּשׁ הַשַּׁבָּת.

FAMILIAR WORDS

Here are some סִדּוּר phrases. Find a familiar word in each of the underlined words. The familiar words are on the leaves on the opposite page.
Write the familiar Hebrew word and its English meaning in the blank lines.

English Word	Hebrew Word		
good	טוב	בָּחַר בִּנְבִיאִים טוֹבִים	1
		צוּר כָּל הָעוֹלָמִים	2
		וְנֶאֱמָנִים דְּבָרֶיךָ	3
		הַנֶּאֱמָרִים בֶּאֱמֶת	4
		מְשַׂמֵּחַ צִיּוֹן בְּבָנֶיהָ	5
		יָבֹא וְיָגֵל לִבֵּנוּ	6
		כִּי בְשֵׁם קָדְשְׁךָ	7
		יִתְבָּרַךְ שִׁמְךָ	8

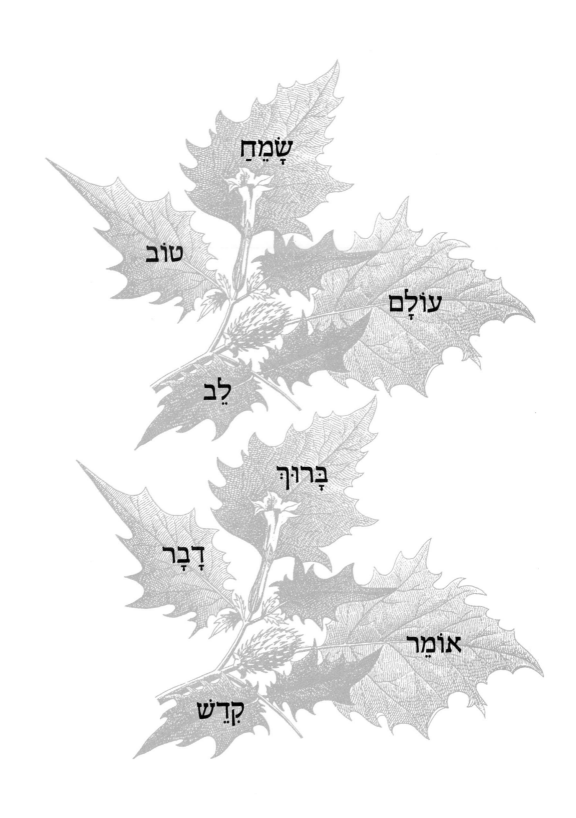

שָׂמֵחַ
טוֹב
עוֹלָם
לֵב
בָּרוּךְ
דָבָר
אוֹמֵר
קָדֵשׁ

LOOKING FOR UNDERSTANDING

Write the English words that mean the same as the underlined Hebrew words.

Blessing before the הַפְטָרָה reading:

1 אֲשֶׁר בָּחַר בִּנְבִיאִים טוֹבִים — who chose good ______

2 בְּדִבְרֵיהֶם הַנֶּאֱמָרִים בֶּאֱמֶת — their words that were said in ______

3 הַבּוֹחֵר בַּתּוֹרָה — who ______ the Torah

4 וּבִנְבִיאֵי הָאֱמֶת וָצֶדֶק — and prophets of truth and ______

truth	**prophets**	**righteousness**	**chose**

First Blessing after the הַפְטָרָה reading:

righteous in all the _____	צַדִּיק בְּכָל הַדּוֹרוֹת	1
who speaks and _____	הַמְדַבֵּר וּמְקַיֵּם	2
a _____ and merciful king	מֶלֶךְ נֶאֱמָן וְרַחֲמָן	3

fulfills	generations	faithful

The Second, Third and Fourth Blessings after the הַפְטָרָה reading:

Have _____ on Zion	רַחֵם עַל צִיּוֹן	1
_____ of David	מָגֵן דָּוִד	2
we _____ you	אֲנַחְנוּ מוֹדִים לָךְ	3
who makes Shabbat _____	מְקַדֵּשׁ הַשַּׁבָּת	4

thank	mercy	shield	holy

WORD MATCH

Circle the Hebrew word that means the same as the English word.

1	His people	עַמְּךָ	עַמִּי	עַמּוֹ
2	our days	יָמֶיךָ	יָמֵינוּ	יָמַי
3	your servant	עַבְדְּךָ	עַבְדּוֹ	עֲבָדָיו
4	his chair	כִּסְאוֹ	כִּסְאִי	כִּסְאֲךָ
5	your acts	מַעֲשֵׂינוּ	מַעֲשֶׂיךָ	מַעֲשָׂיו
6	His words	דְּבָרֶיךָ	דְּבָרָיו	דְּבָרוֹ
7	Your Torah	תּוֹרָתֵינוּ	תּוֹרָתוֹ	תּוֹרָתְךָ
8	our heart	לִבִּי	לִבּוֹ	לִבֵּנוּ
9	His commandments	מִצְוֹתָיו	מִצְוֹתַי	מִצְוֹתֶיךָ
10	his candle	נֵרְךָ	נֵרוֹ	נֵרֵנוּ

Study these new words. They will help you understand the story.

STORY WORDS	messiah מָשִׁיחַ	people, men אֲנָשִׁים
	city עִיר	clothing בְּגָדִים
	question(s) שְׁאֵלָה, שְׁאֵלוֹת	quickly בִּמְהֵרָה (מהר)

S T O R Y   P R E P A R A T I O N

Write the number of each Hebrew word next to its English meaning.

__ city __ wear __ Messiah __ question

__ prophet __ quickly __ clothing __ Jew

__ always __ friend __ people

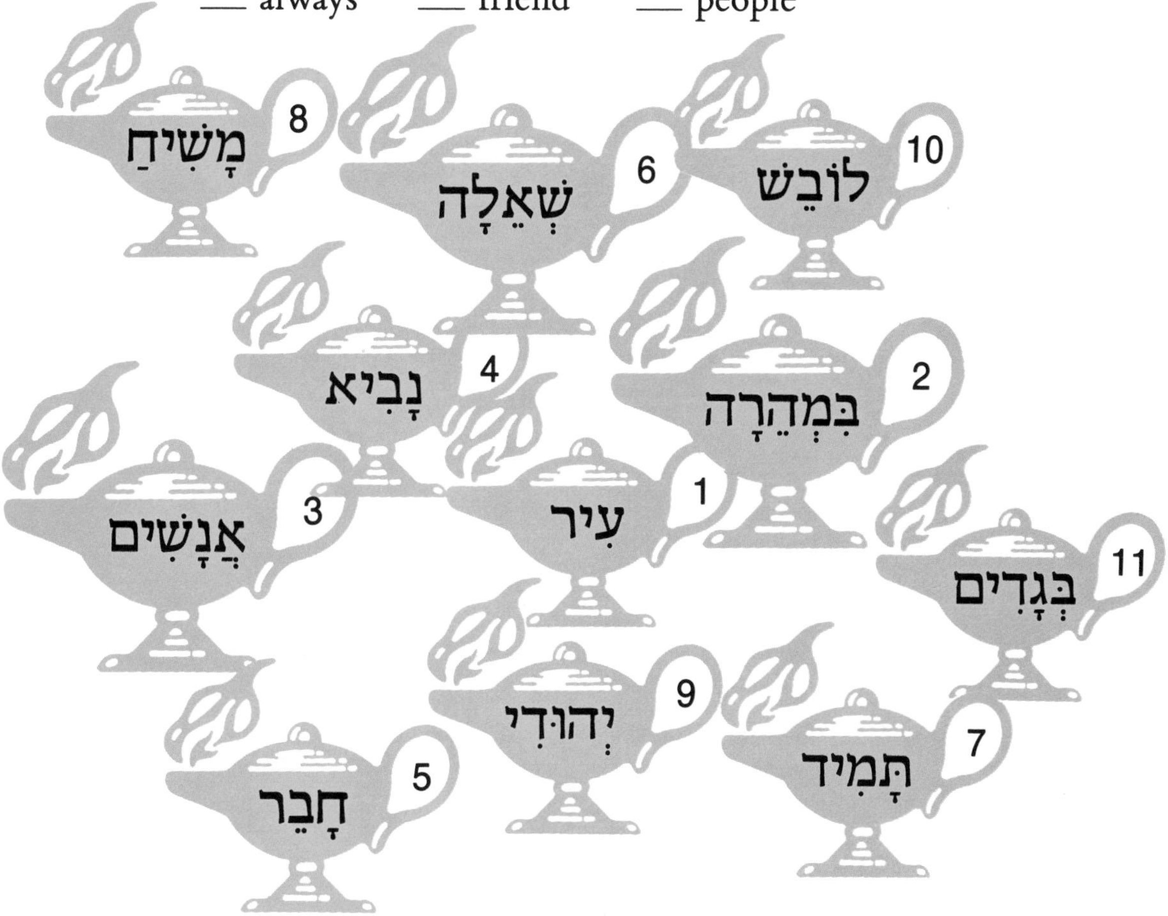

8 מָשִׁיחַ

6 שְׁאֵלָה

10 לוֹבֵשׁ

4 נָבִיא

2 בִּמְהֵרָה

3 אֲנָשִׁים

1 עִיר

11 בְּגָדִים

9 יְהוּדִי

7 תָּמִיד

5 חָבֵר

Did you correctly match the Hebrew and English words on page 99?
To find out, write the English words on the blank spaces next to each number.

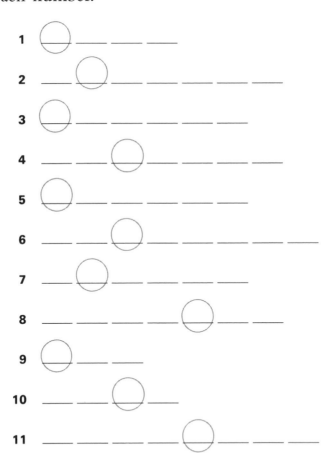

1 (___) ___ ___ ___

2 ___ (___) ___ ___ ___ ___ ___

3 (___) ___ ___ ___ ___ ___

4 ___ ___ (___) ___ ___ ___ ___

5 (___) ___ ___ ___ ___ ___

6 ___ ___ (___) ___ ___ ___ ___ ___

7 ___ (___) ___ ___ ___ ___

8 ___ ___ ___ ___ (___) ___ ___

9 (___) ___ ___

10 ___ ___ (___) ___

11 ___ ___ ___ ___ (___) ___ ___ ___

Now write the circled letters below to discover something special that we place on the table during the Passover seder.

___ ___ ___   ___ ___   ___ ___ ___ ___ ___ ___
1 2 3   4 5   6 7 8 9 10 11

הַבְּגָדִים שֶׁל הָרַב

What happens when a rabbi and a wagon driver exchange places?

רַבִּי חַיִּים הָיָה רַב חָכָם מְאֹד.

הוּא הָיָה נוֹסֵעַ (used to travel) מֵעִיר לְעִיר

וְהָיָה מְדַבֵּר דִּבְרֵי תּוֹרָה בְּבָתֵּי־כְּנֶסֶת.

הָאֲנָשִׁים שֶׁשָּׁאֲלוּ אוֹתוֹ שְׁאֵלוֹת

וְהוּא תָּמִיד נָתַן לָהֶם תְּשׁוּבוֹת (answers) יָפוֹת.

יוֹסִיל, הָעֶגְלוֹן (wagon driver) שֶׁל רַבִּי חַיִּים,

הָיָה יְהוּדִי פָּשׁוּט (simple). הוּא לֹא הָיָה חָכָם.

פַּעַם (once), כַּאֲשֶׁר יוֹסִיל וְרַבִּי חַיִּים נָסְעוּ (traveled) בַּדֶּרֶךְ,

אָמַר יוֹסִיל לָרַב:

אַתָּה לוֹבֵשׁ בְּגָדִים שֶׁל רַב.

הָעֶרֶב, אֲנִי רוֹצֶה לִלְבּשׁ (to wear) אֶת הַבְּגָדִים שֶׁלְּךָ

וְאָז (and then) גַּם אֲנִי אֶהְיֶה (will be) רַב.

רַבִּי חַיִּים אָמַר: יוֹסִיל, אַתָּה יְהוּדִי טוֹב,

אֲבָל אַתָּה לֹא יוֹדֵעַ תּוֹרָה.

הַבְּגָדִים שֶׁלִּי לֹא יְכוֹלִים לַעֲשׂוֹת אוֹתְךָ לְרַב.

הָאֲנָשִׁים יְכוֹלִים לִשְׁאֹל אוֹתְךָ שְׁאֵלוֹת קָשׁוֹת (difficult).

הַאִם אַתָּה חוֹשֵׁב שֶׁאַתָּה יָכוֹל לַעֲנוֹת לָהֶם?

יוֹסִיל: כֵּן, רַבִּי, אֲנִי יוֹדֵעַ מַה לַעֲנוֹת.

רַבִּי חַיִּים אָמַר: בְּסֵדֶר (okay), יוֹסִיל, הָעֶרֶב אַתָּה הָרַב

וַאֲנִי הָעֶגְלוֹן.

יוֹסִיל לָבַשׁ אֶת הַבְּגָדִים שֶׁל הָרַב וְהָרַב לָבַשׁ

אֶת הַבְּגָדִים שֶׁל יוֹסִיל.

בָּעֶרֶב, כַּאֲשֶׁר הֵם בָּאוּ לְבֵית־הַכְּנֶסֶת, "הָרַב" יוֹסִיל

עָלָה עַל הַבִּימָה (the platform) וְרַבִּי חַיִּים "הָעֶגְלוֹן" יָשַׁב

עַל־יַד הַדֶּלֶת.

אִישׁ אֶחָד קָם וְשָׁאַל:

אֵיךְ (how) יָדְעוּ אֲבוֹתֵינוּ שֶׁהַנְּבִיאִים בֶּאֱמֶת הָיוּ

נְבִיאֵי אֱמֶת וָצֶדֶק?

אִישׁ שֵׁנִי קָם וְשָׁאַל:

רַבִּי, כָּתוּב שֶׁאֵלִיָּהוּ הַנָּבִיא יָבֹא (will come) בִּמְהֵרָה.

הַאִם אַתָּה יוֹדֵעַ מָתַי (when) יָבֹא אֵלִיָּהוּ הַנָּבִיא

עִם מָשִׁיחַ בֶּן דָּוִד?

רַבִּי חַיִּים "הָעֶגְלוֹן" יָשַׁב עַל־יַד הַדֶּלֶת וְחָשַׁב:

אוֹי! הַשְּׁאֵלוֹת קָשׁוֹת. יוֹסִיל לֹא יָכוֹל לַעֲנוֹת עַל הַשְּׁאֵלוֹת.

"הָרַב" יוֹסִיל אָמַר:

הַשְּׁאֵלוֹת שֶׁאַתֶּם שׁוֹאֲלִים אוֹתִי (me),

הֵן פְּשׁוּטוֹת (simple) מְאֹד.

אֲפִילוּ (even) הָעֶגְלוֹן שֶׁלִּי שֶׁיּוֹשֵׁב עַל־יַד הַדֶּלֶת

יָכוֹל לַעֲנוֹת עַל הַשְּׁאֵלוֹת שֶׁלָּכֶם.

בְּבַקָּשָׁה לִשְׁאֹל אוֹתוֹ!

קַדִּישׁ

The קַדִּישׁ prayer has several different forms. Half-Kaddish (lines 1-10) separates sections of the synagogue prayer service. The Mourner's Kaddish (lines 1-14), said in memory of those who are no longer living, comes near the end of the service. In all its forms, the קַדִּישׁ praises God. Its words are Aramaic, a language spoken by our ancestors many centuries ago. Only the last two lines (13-14) are in Hebrew.

1 יִתְגַּדַּל וְיִתְקַדַּשׁ שְׁמֵהּ רַבָּא

2 בְּעָלְמָא דִּי בְרָא כִרְעוּתֵהּ, וְיַמְלִיךְ מַלְכוּתֵהּ

3 בְּחַיֵּיכוֹן וּבְיוֹמֵיכוֹן וּבְחַיֵּי דְכָל־בֵּית יִשְׂרָאֵל,

4 בַּעֲגָלָא וּבִזְמַן קָרִיב, וְאִמְרוּ אָמֵן.

5 יְהֵא שְׁמֵהּ רַבָּא מְבָרַךְ לְעָלַם וּלְעָלְמֵי עָלְמַיָּא.

6 יִתְבָּרַךְ וְיִשְׁתַּבַּח וְיִתְפָּאַר וְיִתְרוֹמַם וְיִתְנַשֵּׂא

7 וְיִתְהַדַּר וְיִתְעַלֶּה וְיִתְהַלַּל שְׁמֵהּ דְּקֻדְשָׁא,

8 בְּרִיךְ הוּא.

9 לְעֵלָּא מִן כָּל־בִּרְכָתָא וְשִׁירָתָא,

10 תֻּשְׁבְּחָתָא וְנֶחֱמָתָא דַּאֲמִירָן בְּעָלְמָא, וְאִמְרוּ אָמֵן.

11 יְהֵא שְׁלָמָא רַבָּא מִן שְׁמַיָּא

12 וְחַיִּים עָלֵינוּ וְעַל כָּל־יִשְׂרָאֵל, וְאִמְרוּ אָמֵן.

13 עֹשֶׂה שָׁלוֹם בִּמְרוֹמָיו הוּא יַעֲשֶׂה שָׁלוֹם

14 עָלֵינוּ וְעַל כָּל־יִשְׂרָאֵל, וְאִמְרוּ אָמֵן.

NEW PRAYER WORDS

1 וְיִתְקַדַּשׁ and will be sanctified, made holy
2 שְׁמֵהּ name
3 מַלְכוּתֵהּ kingdom
4 יְהֵא may (it) be
5 וְיִשְׁתַּבַּח and will be praised

FROM HEBREW TO ARAMAIC

Draw a line from the Hebrew word on the right to the related Aramaic word from the קַדִּישׁ.

וְיִתְקַדַּשׁ	גָדוֹל
רַבָּא	קָדוֹשׁ
יִתְגַּדַּל	שֵׁם
שְׁמֵהּ	הַרְבֵּה

בְּעָלְמָא	בָּרָא
בְרָא	בַּחַיִּים
מַלְכוּתֵהּ	בָּעוֹלָם
בְּחַיֵּיכוֹן	מֶלֶךְ

בִּרְכָתָא	שָׁלוֹם
שְׁמַיָּא	שֶׁבַח
יִשְׁתַּבַּח	בְּרָכוֹת
שְׁלָמָא	שָׁמַיִם

יְהֵא	עוֹלֶה
וְיִתְהַלַּל	אוֹמְרִים
דַּאֲמִירָן	הָיָה
וְיִתְעַלֶּה	הַלֵּל

WORD MATCH

Draw a line from the siddur word to its English meaning.

may it be	שְׁלָמָא
name	יְהֵא
and may it be praised	שְׁמֵהּ
peace	וְיִתְהַלַּל

forever	קַדִּישׁ
kingdom	בְּרִיךְ
holy	לְעָלַם
blessed	מַלְכוּתֵהּ

בְּרִיךְ	kingdom
וְיִתְהַלַּל	blessed
מַלְכוּתֵהּ	may it be
יְהֵא	and may it be praised

לְעָלַם	name
שְׁמֵהּ	holy
קַדִּישׁ	peace
שְׁלָמָא	forever

ROOTS

Match the word on the right to its שֹׁרֶשׁ (root) letters.

1	יִתְגַּדַּל	___	(אמר)
2	יִתְקַדַּשׁ	___	(הלל)
3	יַמְלִיךְ	___	(קדשׁ)
4	וְאִמְרוּ	___	(בּרכ)
5	מְבֹרָךְ	1	(גדל)
6	יִתְהַלַּל	___	(מלכ)

Match the root letters on the right to the word on the left.

1	(מלכ)	___	יִתְגַּדַּל
2	(בּרכ)	___	יַמְלִיךְ
3	(גדל)	___	וְאִמְרוּ
4	(הלל)	___	מְבֹרָךְ
5	(אמר)	___	יִתְהַלַּל
6	(קדשׁ)	___	יִתְקַדַּשׁ

WORD MATCH

Read the phrases from the קַדִּישׁ.
Underline the English that means the same as the Hebrew or
Aramaic word.

He will make peace	הוּא יַעֲשֶׂה שָׁלוֹם	**1**
all blessings and songs	כָּל בִּרְכָתָא וְשִׁירָתָא	**2**
blessed is He	בְּרִיךְ הוּא	**3**
of all the House of Israel	דְכָל בֵּית יִשְׂרָאֵל	**4**
may there be an abundance of peace	יְהֵא שְׁלָמָא רַבָּא	**5**

WORD FAMILIES

Write the words in the קַדִּישׁ which are related to the word families below.
Then write the English meaning of the word family.

English	Related Words	Word Family	
holy	יִתְקַדַּשׁ	(קדשׁ)	1
		(מלכ)	2
		(אמר)	3
		(ברכ)	4
		(שׁלמ)	5
		(עשׂה)	6
		(חיה)	7
		(עלמ)	8

bless	rule	peace	say
world	do, make	live	holy

PRAYER

ENRICHMENT

The Mourner's Kaddish, like the other forms of the Kaddish, is recited in the presence of a מִנְיָן. A מִנְיָן is a group of at least ten adult Jews. This is the minimum number of persons required in order to conduct a public service. If there are fewer than ten persons present, the prayer service is regarded as private and certain prayers are omitted.

There is no mention of death in the קַדִּישׁ.

Why do you think it is recited by a mourner?

Study these new words. They will help you understand the story.

STORY WORDS

old זָקֵן	to thank לְהוֹדוֹת
live (חיה) חַי	died, I will die מֵת, אָמוּת
went out, left (יצא) יָצָא	

Circle the Hebrew that means the same as the English.

עָנָה	מֵת	הָיָה	חַי	1 he died
חָבֵר	אִישׁ	בֵּן	אָח	2 friend
דָּבָר	הַרְבֵּה	זָהָב	צְדָקָה	3 gold
לַעֲזוֹר	לְהוֹדוֹת	לְזֵכֶר	לָתֵת	4 in memory of
אוֹר	עוֹלָם	שֵׁם	עִיר	5 city
עָנִי	זָקֵן	יֵשׁ	רַבִּי	6 old
כִּסֵּא	כֹּחַ	כֶּסֶף	כּוֹס	7 cup
יָצָא	חָשַׁב	קָם	בָּא	8 he went out

כּוֹס הַזָּהָב

When we perform a מִצְוָה with enthusiasm and dignity, we "adorn" it (הִדּוּר מִצְוָה) – we show our appreciation and respect for the מִצְוָה. In this story Ezra sells his friend's golden cup to fulfill an important commandment.

טוֹבִיָּה חַי בְּעִיר קְטַנָּה.

יוֹם אֶחָד, טוֹבִיָּה לָקַח אֶת כּוֹס הַזָּהָב שֶׁלּוֹ,

הָלַךְ אֶל עֶזְרָא, הֶחָבֵר שֶׁלּוֹ, וְאָמַר:

עֶזְרָא, אֲנִי זָקֵן. אֲנִי חוֹלֶה. אֵין לִי בֵּן.

הַאִם אַתָּה תֹּאמַר (will say) אֶת הַקַּדִּישׁ

אַחֲרֵי שֶׁאֲנִי אָמוּת?

עֶזְרָא אָמַר: כֵּן, טוֹבִיָּה.

טוֹבִיָּה נָתַן לְעֶזְרָא אֶת כּוֹס הַזָּהָב שֶׁלּוֹ.

עֶזְרָא שָׁאַל: לָמָּה אַתָּה נוֹתֵן לִי אֶת הַכּוֹס הַזֹּאת?

טוֹבִיָּה עָנָה: אֲנִי רוֹצֶה לְהוֹדוֹת (to thank) לְךָ.

עֶזְרָא לָקַח אֶת כּוֹס הַזָּהָב שֶׁל טוֹבִיָּה.

אַחֲרֵי שֶׁטּוֹבִיָּה מֵת, עֶזְרָא אָמַר אֶת הַקַּדִּישׁ

לְזֵכֶר הֶחָבֵר שֶׁלּוֹ.

כָּל לֵיל שַׁבָּת כַּאֲשֶׁר עֶזְרָא שָׁר אֶת הַקִּידּוּשׁ וְשָׁתָה יַיִן

מִכּוֹס הַזָּהָב, הוּא זָכַר אֶת טוֹבִיָּה הֶחָבֵר שֶׁלּוֹ.

יוֹם אֶחָד, הָרַב שֶׁל הָעִיר בָּא לְעֶזְרָא וְאָמַר לוֹ:

עֶזְרָא, בָּעִיר שֶׁלָּנוּ יֵשׁ אֲנָשִׁים עֲנִיִּים.

אֵין לָהֶם אֹכֶל וְאֵין לָהֶם בַּיִת. כֻּלָּנוּ צְרִיכִים

לַעֲזוֹר לָהֶם. הַאִם אַתָּה יָכוֹל לַעֲזוֹר?

עֶזְרָא אָמַר: כֵּן, רַבִּי, אֲנִי רוֹצֶה לַעֲזוֹר לָעֲנִיִּים.

הָרַב יָצָא.

עֶזְרָא חָשַׁב: אֵין לִי הַרְבֵּה כֶּסֶף

אֲבָל יֵשׁ לִי כּוֹס הַזָּהָב שֶׁל טוֹבִיָּה.

עֶזְרָא מָכַר (sold) אֶת הַכּוֹס.

הוּא הָלַךְ אֶל הָרַב, נָתַן לוֹ אֶת הַכֶּסֶף

וְאָמַר: לְזֵכֶר טוֹבִיָּה, הֶחָבֵר שֶׁלִּי, אֲנִי נוֹתֵן לְךָ

אֶת הַכֶּסֶף הַזֶּה לַעֲזוֹר לָעֲנִיִּים.

בְּאוֹתוֹ הַלַּיְלָה (on the same night) עֶזְרָא

חָלַם חֲלוֹם (had a dream).

בַּחֲלוֹם טוֹבִיָּה בָּא וְאָמַר לוֹ:

עֶזְרָא, אַתָּה עָשִׂיתָ דָּבָר טוֹב.

נָתַתִּי (I gave) לְךָ כּוֹס זָהָב וְכָל לֵיל שַׁבָּת

אָמַרְתָּ אֶת הַקִּידוּשׁ עַל הַיַּיִן שֶׁהָיָה בְּכוֹס הַזָּהָב שֶׁלִּי.

זֶה הָיָה הִדּוּר מִצְוָה.

הִדּוּר מִצְוָה דָּבָר יָפֶה.

זֹאת הָיְתָה מִצְוָה גְּדוֹלָה.

אֲבָל הַמִּצְוָה שֶׁלְּךָ שֶׁנָּתַתָּ (that you gave) צְדָקָה לָעֲנִיִּים

זֹאת הָיְתָה מִצְוָה גְּדוֹלָה יוֹתֵר (bigger).

עַכְשָׁו יֵשׁ לִי זֵכֶר בָּעוֹלָם הַזֶּה

וְגַם בָּעוֹלָם הַבָּא (the world to come).

יִגְדַּל

The יִגְדַּל hymn praises God. It also summarizes, in a poetic way, the Thirteen Principles of Jewish belief. These were set down by the great scholar Maimonides. יִגְדַּל is often sung on Festivals at the end of the Morning and Evening Services.

1 יִגְדַּל אֱלֹהִים חַי וְיִשְׁתַּבַּח   נִמְצָא וְאֵין עֵת אֶל־מְצִיאוּתוֹ.

2 אֶחָד וְאֵין יָחִיד כְּיִחוּדוֹ   נֶעְלָם וְגַם אֵין סוֹף לְאַחְדוּתוֹ.

3 אֵין לוֹ דְמוּת הַגּוּף וְאֵינוֹ גוּף   לֹא נַעֲרֹךְ אֵלָיו קְדֻשָּׁתוֹ.

4 קַדְמוֹן לְכָל־דָּבָר אֲשֶׁר נִבְרָא   רִאשׁוֹן וְאֵין רֵאשִׁית לְרֵאשִׁיתוֹ.

5 הִנּוֹ אֲדוֹן עוֹלָם לְכָל־נוֹצָר   יוֹרֶה גְדֻלָּתוֹ וּמַלְכוּתוֹ.

6 שֶׁפַע נְבוּאָתוֹ נְתָנוֹ אֶל־   אַנְשֵׁי סְגֻלָּתוֹ וְתִפְאַרְתּוֹ.

7 לֹא קָם בְּיִשְׂרָאֵל כְּמֹשֶׁה עוֹד   נָבִיא וּמַבִּיט אֶת־תְּמוּנָתוֹ.

8 תּוֹרַת אֱמֶת נָתַן לְעַמּוֹ אֵל   עַל־יַד נְבִיאוֹ נֶאֱמַן בֵּיתוֹ.

NEW PRAYER WORDS

1 יִגְדַּל may God be great

2 סוֹף end

3 רִאשׁוֹן first

4 אֲדוֹן Lord of

5 נוֹצָר (יצר) was created

6 נְבוּאָתוֹ God's prophecy

7 וּמַבִּיט and looks at

WORD MATCH

Connect the word on the right to the related סִדּוּר *word.*

יִגְדַּל	קָדֵשׁ
וְיִשְׁתַּבַּח	אֶחָד
קְדֻשָּׁתוֹ	אֵין
לְאַחְדוּתוֹ	גָּדוֹל
וְאֵינוֹ	שֶׁבַח

נִבְרָא	יוֹצֵר
רֵאשִׁית	גָּדוֹל
נוֹצָר	בּוֹרֵא
גְּדֻלָּתוֹ	מֶלֶךְ
וּמַלְכוּתוֹ	רֹאשׁ

Connect the Hebrew word to its English meaning.

prophet	אַנְשֵׁי
and looks at	כְּמֹשֶׁה
to His people	נָבִיא
people of	וּמַבִּיט
like Moses	לְעַמּוֹ

faithful of	נְבִיאוֹ
get up, arise	נֶאֱמַן
first	בֵּיתוֹ
His prophet	קָם
His house	רִאשׁוֹן

COMPARING TEXTS

Jewish prayer can give us a deeper understanding of God. Prayers express ideas. Often the ideas are stated in different words, but they are similar.
Read these phrases from יִגְדַּל and אֲדוֹן עוֹלָם.

יִגְדַּל

1 יִגְדַּל אֱלֹהִים חַי וְיִשְׁתַּבַּח
2 אֶחָד וְאֵין יָחִיד כְּיִחוּדוֹ
3 אֵין לוֹ דְּמוּת הַגּוּף
4 רִאשׁוֹן וְאֵין רֵאשִׁית לְרֵאשִׁיתוֹ
5 הִנּוֹ אֲדוֹן עוֹלָם

אֲדוֹן עוֹלָם

1 אֲדוֹן עוֹלָם אֲשֶׁר מָלַךְ
2 לְעֵת נַעֲשָׂה בְחֶפְצוֹ כֹּל
3 וְאַחֲרֵי כִּכְלוֹת הַכֹּל
4 וְהוּא הָיָה וְהוּא הֹוֶה
5 וְהוּא אֶחָד וְאֵין שֵׁנִי
6 בְּלִי רֵאשִׁית בְּלִי תַכְלִית

Match the ideas in the יִגְדַּל with the ideas in the אֲדוֹן עוֹלָם.

	אֲדוֹן עוֹלָם	יִגְדַּל
1 God is (lives)	line # ___	line # ___
2 God is One	line # ___	line # ___
3 God was first; God existed before the world	line # ___	line # ___
4 God is the Lord of the universe	line # ___	line # ___

ROOTS

1 Match the root letters (שֹׁרֶשׁ) to a word at the bottom of the page.
2 Write the word next to the שֹׁרֶשׁ.
3 Write the English meaning of the שֹׁרֶשׁ.

one	אַחְדוּתוֹ	(אחד)	1
____	____	(קדשׁ)	2
____	____	(ראשׁ)	3
____	____	(גדל)	4
____	____	(מלכ)	5
____	____	(נבא)	6
____	____	(נתנ)	7
____	____	(בית)	8

All of these words end in the suffix ________.
Find at least two other words in the prayer that end in the same suffix. Write the words.

________ ________

אַחְדוּתוֹ
קְדֻשָּׁתוֹ
בֵּיתוֹ
נְתָנוֹ
נְבוּאָתוֹ
לְרֵאשִׁיתוֹ
מַלְכוּתוֹ
גְּדֻלָּתוֹ

Study these new words. They will help you understand the story.

STORY WORDS

send! שְׁלַח	to take out לְהוֹצִיא
to send לִשְׁלֹחַ	ten עֶשֶׂר
	send (שלח) שׁוֹלֵחַ

S T O R Y   P R E P A R A T I O N

Find the word that best completes each sentence and write it in the blank space.

נָבִיא

מוֹשִׁיעַ

גוֹאֵל

לִשְׁלֹחַ

אוֹתָם

עֶשֶׂר

עֲבָדִים

שָׁנִים

years	הֵם הָיוּ בְּמִצְרַיִם הַרְבֵּה שָׁנִים.	1
redeemer	מִי הַ _____ שֶׁל בְּנֵי יִשְׂרָאֵל?	2
to send	פַּרְעֹה לֹא רָצָה _____ אֶת בְּנֵי יִשְׂרָאֵל.	3
prophet	מֹשֶׁה הָיָה _____ גָּדוֹל.	4
them	יְיָ רָצָה לְהוֹצִיא _____ מִמִּצְרַיִם.	5
ten	לָמָה הָיוּ _____ מַכּוֹת?	6
savior	יְיָ הַ _____ שֶׁל עַמּוֹ.	7
slaves	בְּנֵי יִשְׂרָאֵל הָיוּ _____ בְּמִצְרַיִם.	8

Copy the words you have written into the corresponding numbered spaces in the puzzle. If your words are in their proper spaces, you will discover the important message that Moses gave to Pharaoh.

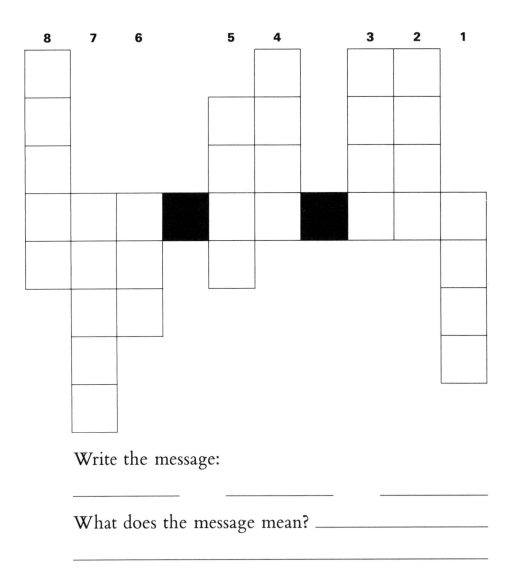

Write the message:

_____ _____ _____

What does the message mean? _____

_____

יְצִיאַת מִצְרַיִם

*The Children of Israel were enslaved in
the Land of Egypt. What happened when Moses told Pharaoh
to "Let My people go"?*

בְּנֵי יִשְׂרָאֵל הָיוּ עֲבָדִים בְּמִצְרַיִם הַרְבֵּה שָׁנִים.

יוֹם אֶחָד ה׳ אָמַר אֶל מֹשֶׁה:

בְּנֵי יִשְׂרָאֵל עֲבָדִים בְּמִצְרַיִם. אֲנִי שׁוֹלֵחַ אוֹתְךָ

לְהוֹצִיא אוֹתָם מִמִּצְרַיִם.

מֹשֶׁה וְאַהֲרֹן, הָאָח שֶׁלּוֹ, בָּאוּ לְפַרְעֹה וְאָמְרוּ:

הָאֱלֹהִים שֶׁלָּנוּ אוֹמֵר לְךָ:

"שַׁלַּח אֶת עַמִּי, אֶת בְּנֵי יִשְׂרָאֵל, מִמִּצְרַיִם."

פַּרְעֹה שָׁאַל אוֹתָם: מִי הוּא הָאֱלֹהִים שֶׁל בְּנֵי יִשְׂרָאֵל?

אֲנִי לֹא רוֹצֶה לְשַׁלֵּחַ אוֹתָם מִמִּצְרַיִם.

מֹשֶׁה וְאַהֲרֹן אָמְרוּ:

ה' הוּא אֱלֹהֵינוּ וְהוּא הָאֱלֹהִים שֶׁל אֲבוֹתֵינוּ.

אֵין כֵּאלֹהֵינוּ.

הוּא אֵל גָּדוֹל וְגִבּוֹר.

הוּא הַגּוֹאֵל שֶׁל בְּנֵי יִשְׂרָאֵל.

הוּא הַמֶּלֶךְ שֶׁל כָּל הָעוֹלָם וְעוֹזֵר וּמוֹשִׁיעַ לָעָם שֶׁלּוֹ.

פַּרְעֹה אָמַר: אֲנִי הַמֶּלֶךְ בְּמִצְרַיִם. אֲנִי גָּדוֹל.

אֲנִי גִּבּוֹר. בְּנֵי יִשְׂרָאֵל הֵם הָעֲבָדִים שֶׁלִּי.

וַאֲנִי לֹא רוֹצֶה לְשַׁלֵּחַ אוֹתָם מִמִּצְרַיִם.

כַּאֲשֶׁר ה' שָׁמַע אֶת דִּבְרֵי פַּרְעֹה, הוּא הִכָּה (hit, struck)

אֶת פַּרְעֹה וְאֶת הַמִּצְרִים בְּעֶשֶׂר הַמַּכּוֹת (plagues).

אָז (then) פַּרְעֹה קָרָא לְמֹשֶׁה וְאָמַר:

הָאֱלֹהִים שֶׁל בְּנֵי יִשְׂרָאֵל בֶּאֱמֶת גָּדוֹל וְגִבּוֹר.

בְּבַקָּשָׁה לְהוֹצִיא אֶת בְּנֵי יִשְׂרָאֵל מַהֵר מִמִּצְרַיִם.

checkpoint 1

Match the סִדּוּר word to its root letters, שֹׁרֶשׁ.

1 מַעֲשֶׂה ___ (בּרכ)

2 הַלְלוּיָהּ ___ (שׂמח)

3 מְבָרְכִים ___ (היה)

4 נִבְרָא ___ (עשׂה)

5 שַׂמְּחֵנוּ ___ (קדשׁ)

6 הָיְתָה ___ (אמר)

7 קָדְשְׁךָ ___ (הלל)

8 הַנֶּאֱמָרִים ___ (בּרא)

Checkpoint

LESSONS 1-10

checkpoint 2

Match the שֹׁרֶשׁ to its English meaning.

1 (דבר) __ walk

2 (שׁמע) __ go up

3 (בּחר) __ hear

4 (הלכ) __ pity

5 (רחמ) __ rule

6 (עלה) __ speak

7 (מלכ) __ work

8 (עבד) __ choose

checkpoint 3

Circle the Hebrew word that means the same as the English.

1	forever	מֵעַתָּה	לְעוֹלָם	לְהוֹשִׁיעַ	עַל-כֵּן
2	man	אֲדוֹן	פֶּסֶל	דּוֹר	אָדָם
3	light	יָם	אִישׁ	אוֹר	זָהָב
4	prophet	נָבִיא	צֶדֶק	קוֹל	שֶׁבַח
5	redeemer	גִּבּוֹר	חָבֵר	יִרְאָה	גּוֹאֵל
6	faithful	מָקוֹם	נֶאֱמָן	עָנִי	מָגֵן
7	honor	תִּפְאֶרֶת	כָּבוֹד	סוֹף	מַלְכוּת
8	kindness	צוּר	רָצוֹן	חֶסֶד	שֶׁמֶשׁ
9	life	חֻקִּים	מְקַיֵּם	חַיִּים	רַבִּים
10	mercy	רַחֲמִים	אֲנָשִׁים	מִשְׁפָּטִים	שָׁנִים

checkpoint 4

Write the English word from the word list that makes the English passage mean the same as the Hebrew.

They have eyes and cannot ________.

1 עֵינַיִם לָהֶם וְלֹא יִרְאוּ

And in the prophets of the truth and ________.

2 וּבִנְבִיאֵי הָאֱמֶת וָצֶדֶק

You are a king who is faithful and ________.

3 מֶלֶךְ נֶאֱמָן וְרַחֲמָן אָתָּה

He is ________ and He is without beginning.

4 רִאשׁוֹן וְאֵין רֵאשִׁית לְרֵאשִׁיתוֹ

Who chooses the Torah and Moses ________.

5 הַבּוֹחֵר בַּתּוֹרָה וּבְמֹשֶׁה עַבְדּוֹ

________ the name of the Lord.

6 הַלְלוּ אֶת שֵׁם יְיָ

God will give strength to ________.

7 יְיָ עֹז לְעַמּוֹ יִתֵּן

A life marked by our ________ Torah.

8 חַיִּים שֶׁתְּהֵא בָנוּ אַהֲבַת תּוֹרָה

His servant	His people	praise
merciful	see	righteousness
first	love of	

WORD LIST

אָב(וֹת) father(s)
(אַבָּא)
אֲבָל but
אָדוֹן Lord
אָדָם man
אֲדָמָה earth, ground
(אהב) love, like
אַהֲבָה love
אֹהֶל tent
אוּלַי maybe
אוֹר light
אוֹרֵחַ, אוֹרְחִים guest(s)
אוֹת sign, symbol
אוֹתוֹ him
אוֹתְךָ you
אוֹתָם them
אוֹתָנוּ us
אָח, אָחוֹת brother, sister
אֶחָד one
אַחֲרֵי after
אֵין is not
אֵיפֹה where (is)
אִישׁ, אִשָּׁה man, woman
(אכל) eat
אֹכֶל food
אֱלֹהֵינוּ our God
אָלֶף-בֵּית alphabet
אִם if
אֵם, אִמָּא mother
אָמֵן Amen
(אמר) say
אֱמֶת truth
אֲנַחְנוּ we
אֲנִי I
אֲנָשִׁים people, men

אָרוֹן ark, closet
אֶרֶץ land, earth
אֲשֶׁר, שֶׁ___ that, which who
אֶשְׁתַּחֲוֶה I will bow down
אַתָּה, אַתְּ you

בְּ, בַּ in, in the
בְּבַקָּשָׁה please
בְּגָדִים clothes
(בוא) come
(בחר) choose
בֵּין between
בַּיִת house
בֵּית-כְּנֶסֶת synagogue
בֵּית-סֵפֶר school
בְּלִי without
בֵּן, בָּנִים son(s)
בָּנוּ us
בֹּקֶר morning
(ברא) create
בָּרוּךְ, בְּרוּכָה blessed
בְּרָכָה blessing
בְּרוּכִים הַבָּאִים welcome

(גאל) redeem
גִּבּוֹר strong, mighty
גְּבוּרוֹת mighty acts
גָּדוֹל great, big
גּוֹאֵל Redeemer
גַּם also
גַּן garden

(דבר) speak, talk
דְּבָרִים words
דָּגִים fish
דוֹר, דוֹרוֹת generation(s)

דֶּלֶת door
דֶּרֶךְ way, road

ה' God
הַ___ the
הַאִם (introduces a question)
הוּא, הִיא he, she
(היה) be
הָיָה, הָיוּ was, were
הַיּוֹם today
הֵיכָל Temple
הֵיכַל קָדְשֶׁךָ the Temple of Your holiness
הַכֹּל everything
(הלכ) walk, go
(הלל) praise
הַלְלוּיָהּ praise God
הֵם, הֵן they
הִנֵּה here (is)
הַרְבֵּה many

וְ, וּ and
___וֹ his

זֶה, זֹאת this (is)
זָהָב gold
(זכר) remember
זֵכֶר remembrance
זְמַן, זְמַנִּים time(s)
זָקֵן old

חָבֵר, חֲבֵרִים friend(s)
חֶדֶר room
חֹדֶשׁ month
חָדָשׁ, חֲדָשָׁה new
חוֹלִים sick people
חַי lives

חַיִּים life
חָכָם, חֲכָמִים wise, smart
חַלָּה, חַלּוֹת hallah
חֶסֶד kindness
חֻקִּים laws
(חשב) think
חֹשֶׁךְ darkness

טוֹב, טוֹבָה good
טַלִּית prayer shawl

___י my, mine
יָד, יָדַיִם hand(s)
(ידע) know
יְהוּדִי, יְהוּדִים Jew(s)
יוֹם day
יוֹם הוּלֶדֶת birthday
יוֹם הַשְּׁבִיעִי Shabbat
יוֹם חֲמִישִׁי Thursday
יוֹם רִאשׁוֹן Sunday
יוֹם רְבִיעִי Wednesday
יוֹם שְׁלִישִׁי Tuesday
יוֹם שֵׁנִי Monday
יוֹם שִׁשִּׁי Friday
יַיִן wine
יָכוֹל can, is able
יֶלֶד, יַלְדָּה boy, girl
יְלָדִים children
יָם sea
יָפֶה, יָפָה nice
(יצא) leave, go out from
יְצִיאַת מִצְרַיִם the Exodus from Egypt
(יצר) create
(ירא) fear
יִרְאַת fear of
יְרוּשָׁלַיִם Jerusalem

יֵשׁ there is (are)
יֵשׁ לִי I have
יֵשׁ לָנוּ we have
(ישב) sit, dwell, live
יִשְׂרָאֵל Israel

ךָ ___ you, your, yours
כַּאֲשֶׁר when
כָּבוֹד honor
כּוֹס cup, glass
כֹּחַ strength
כִּי because
כָּל every, all
כֻּלָּנוּ all of us
כְּמוֹ just like, as
כֵּן yes
כִּסֵּא chair
כֶּסֶף money, silver
כִּפָּה skullcap
(כתב) write
כִּתָּה classroom

לְ, לַ to, to the
לֹא no
לֵב heart
(לבשׁ) wear
לְהַאֲמִין to believe
לְהַבִּיט to look at
לְהַדְלִיק to light (kindle)
לְהוֹצִיא to take out
לְהוֹשִׁיעַ to save
לְהַחֲיוֹת to give life to
לִהְיוֹת to be
לִחְיוֹת to live
לֶחֶם bread
לֵיל שַׁבָּת Friday night (night of Shabbat)
לַיְלָה night
לִכְבוֹד in honor of
(למד) study, learn
לָמָּה why
לָנוּ to us
לְעוֹלָם forever
לִפְנֵי before
(לקח) take

לָתֵת to give

מְאֹד very
מְאֹדֶךָ your strength (might)
מְאוֹרוֹת lights
מֵאִיר gives light
מָגֵן shield
מַה, מָה what
מְהֵרָה quickly
מוֹדֶה give thanks
מוֹרֶה, מוֹרָה teacher
מוֹשִׁיעַ save
מְזוּזָה mezuzah
מְחַיֵּה give life
מִי who
מַיִם water
מָלֵא, מְלֵאָה full
מְלָאכָה work
(מלב) rule
מֶלֶךְ king
מַלְכוּת kingdom
מִן, מִ ___, מֵ ___ from
מַעֲשֵׂה בְרֵאשִׁית work of creation
מֵעַתָּה from now
מִצְוָה, מִצְוֹת mitzvah
מָקוֹם place
מְקַיֵּם fulfill
מָשִׁיחַ Messiah
מִשְׁכָּן Sanctuary
מִשְׁפָּחָה family
מִשְׁפָּטִים judgments
מֵתִים the dead
מִתְפַּלֵּל pray

נֶאֱמָן faithful
נָבִיא, נְבִיאִים prophet(s)
___ נוּ we, our, us
נֵס, נִסִּים miracle(s)
(נפל) fall
נֶפֶשׁ soul
נֵר, נֵרוֹת candle(s)
(נתן) give

סַבָּא, סַבְתָּא grandfather, grandmother

סִדּוּר siddur
סוֹף end
סֻכָּה sukkah, hut
סֵפֶר book

(עבד) work
עַבְדוּת slavery
עֲבָדִים servants
עוּגָה cake
עוֹלָם world, universe
עֹז strength
(עזר) help
עַיִן, עֵינַיִם eye(s)
עִיר city
עַכְשָׁו now
עַל on, about
עַל-יַד near, next to
עַל-כֵּן therefore
(עלה) go up
עַם, עַמִּים nation(s), people
עִם with
(עמד) stand
(ענה) answer
עָנִי, עֲנִיִּים poor
עֵץ, עֵצִים tree(s)
עֶרֶב evening
(עשה) do, make
עֶשֶׂר ten

פֹּה here
פֶּה mouth
פֶּסֶל, פְּסָלִים idol(s)
פְּרָחִים flowers
פְּרִי, פֵּרוֹת fruit(s)
(פתח) open
פֶּתַח opening

(צדק) correct, right
צֶדֶק righteousness
צְדָקָה charity
(צוה) command
צוּר rock

קִדּוּשׁ Kiddush
(קדשׁ) make holy
קוֹל voice
(קום) get up

קָטָן small, little
(קרא) read, call

(ראה) see
רֹאשׁ head
רַב, רַבִּים many
רַחֲמִים mercy
רַחֲמָן merciful
(רחץ) wash
(רפא) heal
(רצה) want
רָצוֹן will, desire

(שׁאל) ask
שְׁאֵלָה, שְׁאֵלוֹת questions(s)
שֶׁבַח praise
שַׁבָּת Shabbat
(שׁבת) rest
(שׁוב) return
(שׂימ) put
(שׁיר) sing
(שׁכב) lie down
שֶׁל of, belonging to
שֶׁלּוֹ, שֶׁלָּהּ his, hers
שָׁלוֹם peace
(שׁלח) send
שֻׁלְחָן table
שֶׁלִּי my, mine
שֶׁלְּךָ, שֶׁלָּךְ your, yours
שֶׁלָּנוּ our, ours
שֵׁם name
שָׂמֵחַ, שְׂמֵחָה happy
שָׁמַיִם heavens, sky
(שׁמע) listen, hear
(שׁמר) guard
שֶׁמֶשׁ sun
שָׁנָה, שָׁנִים year(s)
שַׁעַר gate
שֹׁרֶשׁ root
(שׁתה) drink

תּוֹדָה thanks
תּוֹרָה Torah
תָּמִיד always
תִּפְאֶרֶת glory, splendor
תְּפִלָּה, תְּפִלּוֹת prayer(s)